赢家智胜

靠K线看穿主力心理

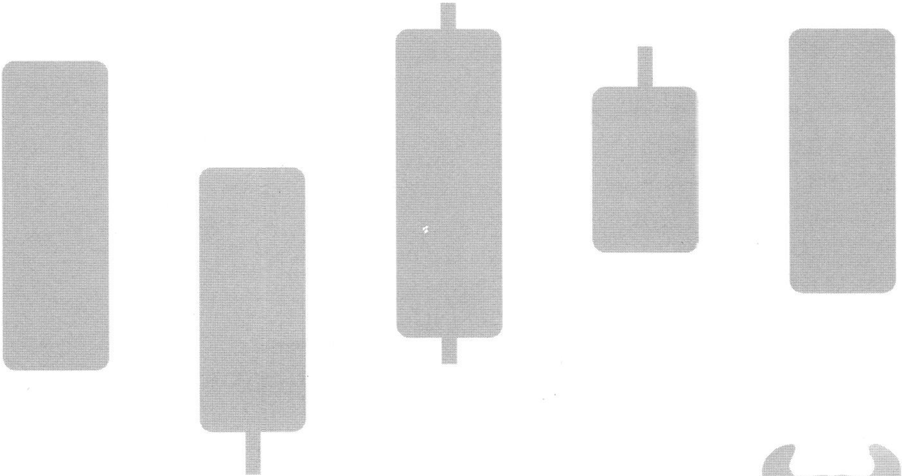

[日]小泽实 著 林信帆 译

SPM 南方传媒 | 广东经济出版社
·广州·

图书在版编目（CIP）数据

靠 K 线看穿主力心理 /（日）小泽实著；林信帆译．-- 广州：广东经济出版社，2025. 6. -- ISBN 978-7-5454-9626-0

Ⅰ. F830. 91

中国国家版本馆 CIP 数据核字第 20256MP380 号

版权登记号：19-2024-243

责任编辑：陈念庄　李雨昕
责任校对：朱敏红
责任技编：陆俊帆

靠 K 线看穿主力心理
KAO K XIAN KANCHUAN ZHULI XINLI
出 版 人：刘卫平
出版发行：广东经济出版社（广州市水荫路 11 号 11 ～ 12 楼）
印　　刷：广州市豪威彩色印务有限公司
（广州市增城区新塘镇太平洋五路1号2栋1楼101室）

开　　本：889 mm×1194 mm　1/32　　印　　张：5.375
版　　次：2025 年 6 月第 1 版　　印　　次：2025 年 6 月第 1 次
书　　号：ISBN 978-7-5454-9626-0　　字　　数：136 千字
定　　价：58.00 元

发行电话：（020）87393830

前　言

征服股海，K线就是最佳指南

“Chart”一词有海图的意思。海图，顾名思义就是海上的地图，记载了航海不可或缺的资讯（像是水深、洋流、海岸线等）。

在大航海时代（地理大发现），航海家对船东来说，可是一个珍宝。因为对于在滔滔海浪中掌舵的他们而言，自身航海技术的优劣，可以决定船只能否到达目的地并获得巨额财富。

在航海家之中，有靠长年累积的经验持续航行的人，有全面依赖船只性能的人，也有靠同船其他更有航行经验的船员的人，但这些人多半是“壮志未酬身先死”。

一位真正优秀的航海家，除了要有卓越的技术和丰富的经验外，还要有人愿意借给他设计精美的船只。但我们不能忽视一个历史事实，就是他会随身携带值得信任的海图。

当前，我们在这片混沌且波涛汹涌的股海上航行，也会需要能正确指引航路的“精密海图（图表）”以及运用自如的技术。

在日本，将图表应用于市场的源头可追溯到江户时代的稻米市场。当时，图表只是用来记录稻米交易价格的变化，内容非常简单。那个时代几乎没有品种改良技术，粮食收成受气候的影响，是丰收还是歉收，每年的情况都变化莫测。所以有先见之明的商人，会在丰收时用便宜的价格大量买进稻米，然后在歉收时高价卖出，换取巨额的财富。后来这样的商人逐渐变多，促使稻米市场扩大。与此同时，一套能解读市场的工具应运而生。

本书介绍的K线图，就是在这样的背景下被发明出来的，现在已成为最知名的图表之一。

即便在投资与投机交易十分盛行的美国，也是在19世纪后期，才由查尔斯·亨利·道创造出西方世界的第一个图表——道琼斯指数。由此可知，日本在图表领域曾经是相当领先的。

至今坊间已经有许多讲解图表的书，内容从图表的基本知识到连经验丰富人士都觉得难以理解的专业领域知识都有涵盖，可说是种类繁多。

本书选择聚焦K线图，是因为K线图是一种多用途合一的图表，它不仅能展示买卖双方的势力关系、市场上未平仓仓位[①]的供需平衡、消息出现后的市场反应等信息，还能直截了当地呈现出投资人的心理变化。

除此之外，若要探究本书的主题——“如何比其他投资人早一步进出场，将利益最大化”，少不了从心理层面分析投资人的行动，这时K线图可算是一种客观且适当的分析工具。

无论是第一次参与股票市场的人，还是想进阶提升专业技术的人，都是本书的目标读者。我选择解说读者熟悉的股票市场，但书中的内容可随时活用在任何使用K线图的市场上。想在外汇市场或商品期货市场等其他市场活用K线图的读者，把股票替换成你想交易的标的即可。

---

① 未平仓仓位，指尚未出场的期货数量。例如，通过融资融券的多空单，今后会平仓结算，融资数量称为“未平仓多单”，融券数量则称为“未平仓空单”。

本书由4个章节组成。

第1章讲的是在市场兴衰（循环）变化中，如何把握投资人心理与行动之间的时间差。通过模型分析投资人为何会在行情的最高点持有大量的多单，然后在最低点大量卖出。

第2章解说K线图的基本形态。

第3章以K线图为基础，介绍在股票市场中成为赢家的技术秘诀。

第4章沿着市场兴衰（循环）的时间轴，介绍投资人的心理和行动、今后行情走势等，还逐一详细解说一些K线组合。

我有信心，本书能让读者对投资人心理状态的微妙变化及其引发的买卖行为，有更深一层的理解。

衷心期望，本书能成为真正有意义的“航海指南”。

2002年6月
小泽实

目　录

第1章
投资人的心态，会影响其对进出场时机的把握

第2章

停利或加码？答案就在K线走势中

第3章
拆解K线，就是赢家的制胜关键

第4章
一看就懂！解读K线的56种线形

第1章

投资人的心态，会影响其对进出场时机的把握

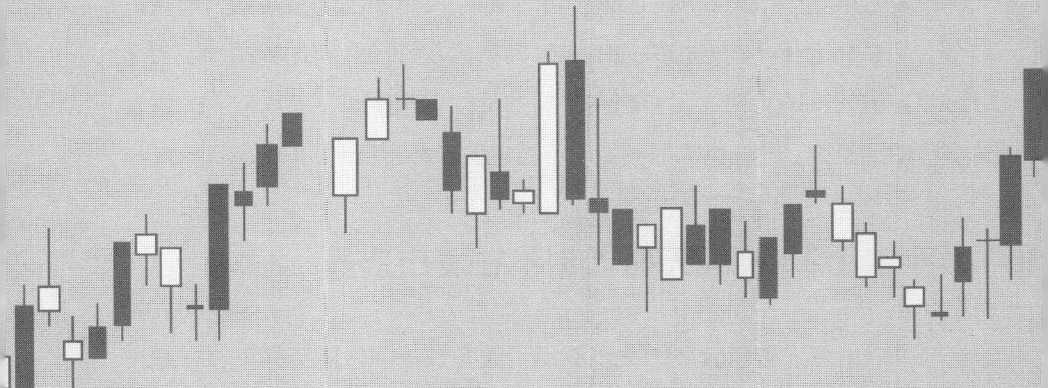

1. 看懂K线，等于看穿主力心理

（1）行情变动和投资人心理会互相影响

“行情总在绝望中诞生，在半信半疑中成长，在憧憬中成熟，在充满希望中毁灭。”在股市等行情市场中，流传着各类谚语或近似谚语的说法。因为这些从经验中诞生的谚语凝聚了前人的智慧，我们可从中发现市场的运行规则。

行情会因政治、经济、国际形势等因素变动。这些变动会影响投资人的心理，促使他们行动起来，从而造成供需失衡、价格波动等。这些变动又会进一步改变投资人的心理状态或投资行为。市场呈现出的就是一种循环状态。

市场中有无数的买家和卖家，他们不是胡乱地做买卖，而是以利益最大化（包含损失最小化）为目标在行动。换句话说，买方想买进便宜的股票，卖方想在更高的价位卖出脱手。买卖双方的这种期望差异，会让供需时常处于不稳定的状态，从而造成市场波动。

（2）K 线无时无刻不在发出信号

集前人智慧大成的股市谚语，大多在提醒我们两件事，一是市场涨跌与投资人心理之间的时间差，二是买卖时间点。

市场乍看只是低买高卖、高卖低买，行动模式很单纯，但实际上，大家常会因为心理层面的动摇，而错过买卖的好时机。看来其中似乎隐藏了在市场中成为赢家的诀窍。

买卖技巧的熟练与否，会让投资人的收益产生很大的差异，其中，掌握进出场时机就是关键。假如大部分投资人会陷入时间差（滞后性）的困境，那么只要克服这一点，你就能比他人早一步行动，借此提升收益。这时我们没理由不借用会告诉我们投资人心理和买卖时机的“前人智慧”。

这种时间差，可能是投资人（主要是追求利益的强烈渴望）自己造成的。这里会通过探究市场兴衰（循环）、投资人心理及其与行动模式的相关性，研究如何在市场中成为赢家。

本书就是通过K线图，来客观推测投资人的心理状态。

K线图会反映市场趋势的强弱、买卖双方的势力关系、市场上未平仓仓位的供需平衡、消息出现后的市场反应，甚至还会反映投资人的心理状态，而且无时无刻不在发出信号。

通过K线图来预测投资人的心理，你可以比其他人早一步或两步抄底囤货；在多数投资人忍受不住急于卖出时，你可以悠然进场捡便宜，增加仓位；当市场卖方保持着期待上涨的快乐时，你则可以极度冷静地停利（止盈）出场。

2. 投资人容易掉入“杀低买高”的陷阱

（1）为何投资人的心理反应总是慢市场一步？

前一节开头的那句股市谚语，可以用下面的文字来解释。

“正因为多数投资人对市场的前景感到悲观，我们才有进场的机会。当市场稍微好转后，投资人会开始意识到市场已经触底，但还是会怀疑行情是否会上涨。此时我们就应该加码（加仓）。当多数投资人都觉得前景乐观时，股市就会正式进入牛市。但同时我们也应该知道，行情快到头部了。当投资人沉浸在相信市场会一直上涨的情绪中时，我们就应该停利出场，因为市场马上就会大幅回跌。”

那句谚语没有建议投资人应该采取何种行动，所以我试着做了补充说明。这样一来，谚语原本想表达的意思会变得更加明确。

另外，试着把投资人心理和企业股价变化模组化[①]后，就能直观看出，投资人的心理反应通常会慢市场一步。

① 模组化是指将实体转换成概念或模型等的抽象化过程。

（2）各种消息都会动摇人心

图1-1中，E—C及C—D的过程应该是比较容易理解的。A—B及D—E反映的则是投资人心理和股价变化背离的情况，不禁让人产生“为什么会这样”的疑问。

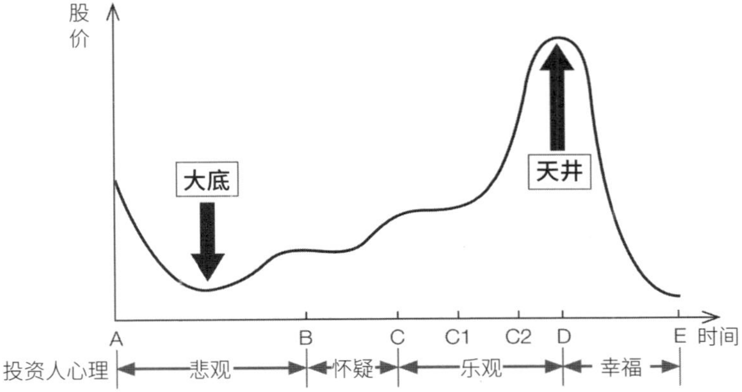

图1-1 投资人心理与市场循环的关系

A—B：大多数投资人对未来的行情感到悲观，股价持续往下探底后触底。

B—C：股价触底后出现进场机会，但因为大部分投资人对市场行情处于半信半疑状态，所以股价上涨的速度缓慢。

C—D：乐观预测的消息在投资人之间传开，上涨期待强化了趋势，股价也急速上涨。

D—E：大多数的投资人相信股价会再创新高，沉浸在幸福感之中。但股价却不如预期，从横盘转向暴跌。

为了回答这个问题，我在模型中追加了“每股盈余”指标（见图1-2）。

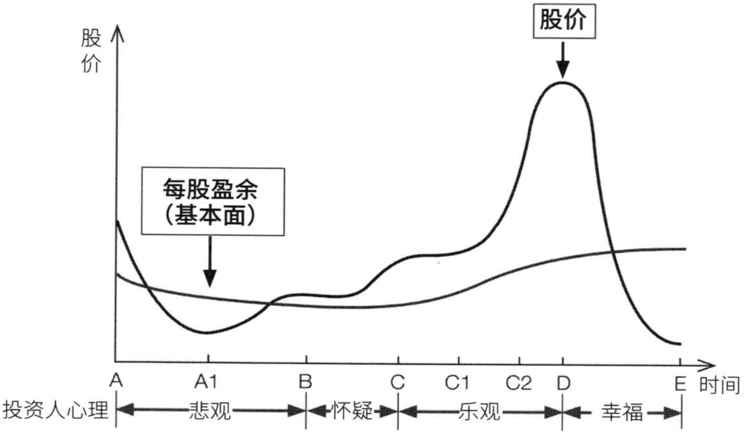

图1-2　追加每股盈余后的模型

此时，我假设每股盈余是这家企业的基本面①。

股价能反映企业的价值，但该价值包含对未来业绩的预测等不确定因素，所以各种相关的新闻、资讯或传闻等都会微妙地动摇投资人的行动及心理，进而使得股价偏离基本面，股价有时会大幅背离基本面（此处指每股盈余）。

一般来说，当每股盈余减少时，股价容易下跌，反之则容易上涨。

这意味着，在图1-2中的A1点时，股价相较于基本面是被低估的，在D点时则处于大幅高估的状态。

买卖要成立才会有行情。当股价抵达A1点时，觉得股价未来不会上涨的投资人会抛售股票，市场会出现供过于求的状况，因此会

① 基本面是指公司资产的内在价值分析指标。股票的基本面除了每股盈余外，还有每股净值等。附带一提，经济的基本面则包括GDP（国内生产总值）、失业率、利率、汇率等各种经济指标。

大幅拉低股价；而在股价将要抵达D点的前夕，投资人的买单会涌现，使市场出现供不应求的局面，从而大幅推高股价。

为什么投资人会在行情触底时大卖特卖，然后在头部时大量买入呢？此处投资人容易掉入“杀低买高”的陷阱。

3. 跳脱先入为主的偏见，才能看清市场

（1）不能“只看见自己想看的”

先入为主的偏见——指的就是出现“只看见自己想看的”心理状态，并因此逐渐强化自身行动的正当性。换句话说，当一个人期待未来会发生某件事时，会顺着这个期待，去搜相关消息或做出解释。

例如在股票市场中，当大家都期待股价未来会续涨时，投资人会出现心理偏见，只注意到经济扩张或企业营收增长等信息，筛选出股价的利多消息，然后将政府发布的紧缩货币政策等利空消息丢到角落，同时这种心理偏见也会反映在行动上。这里回到图1-1，试着思考当股价到达形成头部的D点附近时，会如何导致投资人形成心理偏见。

从C点开始，行情几乎一路上涨，特别在过C1点后，股价可说是急涨的状态，所以当到了D点时，涨幅不用说，投资人还会期待涨速，最好是和过C1点后一样喷射式上涨。但是，一个冷静的投资人应适时验证股价和基本面的背离状况，或上涨速度的持续性等[1]。

不仅如此，股价越接近D点，相信股价会续涨的投资人就会越多，进而形成一个所谓共享成功经验的环境，这些投资人还会开始

① 当股价过度高于基本面或上涨速度变缓时，投资人冷静观察就会发现：这是行情已经触顶的前兆。

畅谈“类似的涨势让我赚了一笔”之类的经验。为了获得更多利益，人们会更加强化“只看见自己想看的”这一心理状态。

（2）价格上涨与多头仓位呈现正相关性

价格上涨与市场的多头仓位[①]之间，通常会呈正相关性。换句话说，随着价格上涨，新入场者的买单会聚集，使得多头仓位快速增加。

这代表股价越是背离基本面持续上涨，就有越多的投资人期待再涨一波，结果使得市场的多头仓位急速增加。于是在D点附近，多头仓位会膨胀到相当大的规模（见图1-3）。这点可用下一节介绍的从众心理来解释。

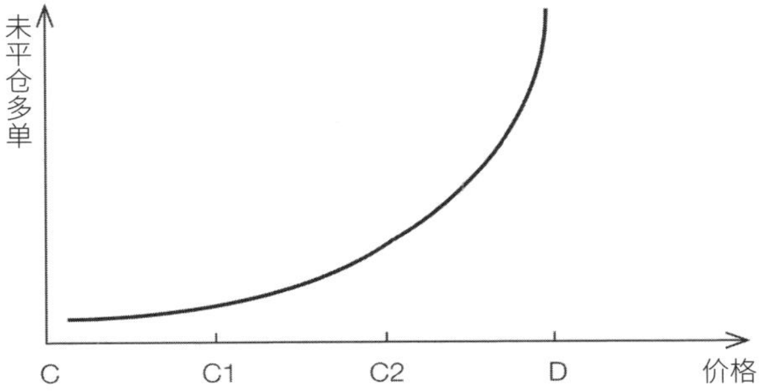

图1-3　C—D之间价格上涨与未平仓多单的关系

① 多头仓位是指市场上的未平仓多单在某个时间点的总数。专业术语有“多头持仓仓位”等。这些看涨买单的总数就是多头仓位。

4. 盲目从众，多半会损失惨重

（1）“买进就会涨，会涨所以买进”的从众效应

从众效应的英文是bandwagon effect，其中，bandwagon是指乐队花车。bandwagon effect形容看到热闹的乐队花车经过眼前，沿途的人会不自觉被吸引而跟在后面。这种个人的意见或行动容易被多数人的意见或行动影响的心理现象，就称为“从众效应”。

2000年前后IT（信息技术）类股票受欢迎，就是从众效应的典型案例。我听说有许多投资人，被市场支配着情绪——“IT类股票买进就会涨，会涨所以买进”，没有针对个股特别分析，就在行情的头部大量买进。

（2）买高盲信利多，就会忽略利空消息

价格变化和成交量的关系，通常会呈现抛物线形态。以图1-1为例，C点后的一定时间内，市场交易很频繁，随着股价上涨，成交量也等比例增加，但到了D点附近，成交量反而急速减少（把这段时间的股价和成交量模组化后得到图1-4）。

推测这是因为新入场者买进了，但多数投资人手上已经有股

票，所以不会去追高[①]，不过因为内心看涨，所以也不会卖出。成交量减少，会使得股价增速（对看涨投资人来说是收益率）减缓，市场开始转向停利出场。

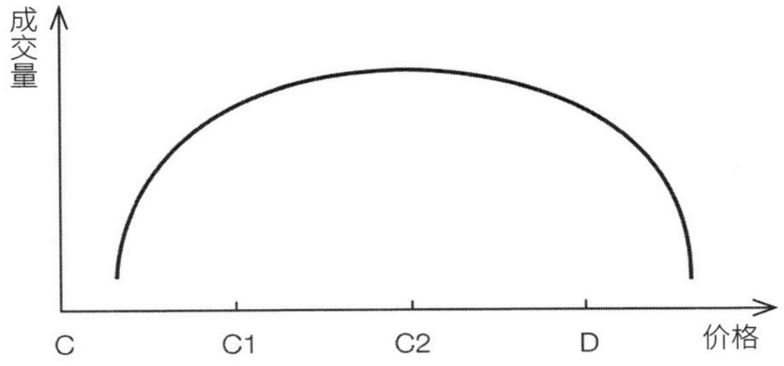

图1-4　价格上涨与成交量的关系

一般来说，停利容易从持有成本[②] 相对较低（买进价格便宜）的投资人开始，从图1-1来说，停利会先从在C2点以前买进的投资人开始。在C2点之后买进的投资人，动作容易慢人一步，因为他们的行动潜藏着“先入为主的偏见”。在C2点之后的市场中，参与者已有“买进就会涨”的盲从心理，所以眼里只会看见利多消息，然后忽视或无视利空消息，借此正当化自己的行动和期待（买进股票的行动和股价上涨的期待）。基本上，市场不是涨就是跌，换句话说，上涨概率明明只有50％，但在这些人心中却不是这么一回事。

① 追高是指上涨行情中，投资人觉得在高点之上还有高点，所以在高点持续买进。

② 持有成本是指多单和空单的买进价格（特别是每个投资人的平均买进价格）。

5. 别一味追高，当心一进场就被套牢

所有股市参与者都希望，通过低买高卖将收益最大化。但只有极少数的投资人可以买在最低点，大多数的投资人都是等到“乐观预测”在市场扎根后，才开始进场。越是期待看涨，投资人的买单就会越多，进一步强化市场的趋势。这样一来，本来还在犹豫是否买进的投资人，也会认为现在的环境比较容易进场，而开始行动。

然而，这种环境背后潜藏了一个很大的陷阱，看了前面的内容，各位应该能明白。

我试着用市场兴衰和每单位时间报酬率做成模型，观察了在上涨行情逐渐成熟的阶段才买进股票的投资人在期待上涨与实际股价变动之间的苦恼样貌。我设定了以下几个前提条件，将现实行情的世界模型化（见图1-5）。

〔前提条件〕

①市场循环（V点→Z点）为400天。将每天的收盘价相连，各点之间形成直线。

②市场每100天就会迎来转机。具体来说，就是抵达W点后，股价上涨速度会是V点到W点的2倍，另外从X点到Y点的速度，也是W点到X点的2倍。之后，市场到达Y点的高峰后，往Z点前进的过程中，股价会暴跌到V点同价位处，之后进入横盘

整理。

③小写字母是大写字母的隔天算起的第50天。

④V点（行情起点）的股价为100日元。

⑤在某个时间点的收盘价买入的投资人，一定会在50天后的收盘价卖出，持股期间不会做任何买卖。

⑥股票买进后，不考虑持有期间的资金调度成本。

在这些前提条件下将市场兴衰模组化后，会得到如图1-5所示的模型。

在V点以100日元交易为起点的市场缓慢上涨，到了W点（第100天）股价涨到了300日元。接着股价上涨速度加快，到了X点（第200天）涨到了700日元，第300天（Y点）涨到了1500日元。之后股价暴跌，头部形成后仅短短100天（到Z点），股价就回到了100日元。

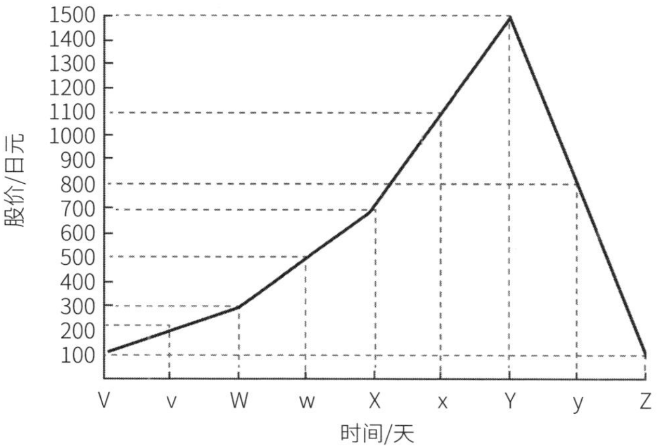

图1-5　特定前提条件下的市场兴衰模型

（1）每单位时间报酬率怎么计算？

再用这个市场兴衰模型，将每单位时间报酬率绘制成图1-6。

在V点买进股票，在第50天（v点）卖出的投资人，每单位时间报酬率（此处是每日的平均股价上涨幅度）可用“（v点股价－V点股价）÷持有天数”计算，所以是（200－100）÷50＝2。此外，在V点到v点之间任一时间点买进的投资人，每单位时间报酬率一样是2。

然而过了v点后，到W点为止，这个值每天都会变化。

例如在v点的隔天买进股票的投资人，报酬率会是（304－202）÷50＝2.04，过了10天才买进的投资人的报酬率则是（340－220）÷50＝2.4。

附带一提，把v点后的经过日数设为n，到W点为止的报酬率公式会是［（300＋4×n）－（200＋2×n）］÷50。

同样，各时间段内的每单位时间报酬率如下（n为从各小写字母算起的经过日数）：

- W 点→ w 点：固定为 4。
- w 点→ X 点：［（700 ＋ 8×n）－（500 ＋ 4×n）］÷50 求出的值。
- X 点→ x 点：固定为 8。
- x 点 → Y 点：{［1500＋（−14）×n］－（1100 ＋ 8×n）} ÷ 50 求出的值。
- Y 点→ y 点：固定为−14 。

● y 点→ Z 点：｛（100 + 0×n）−［800 +（− 14）×n］｝÷ 50求出的值。

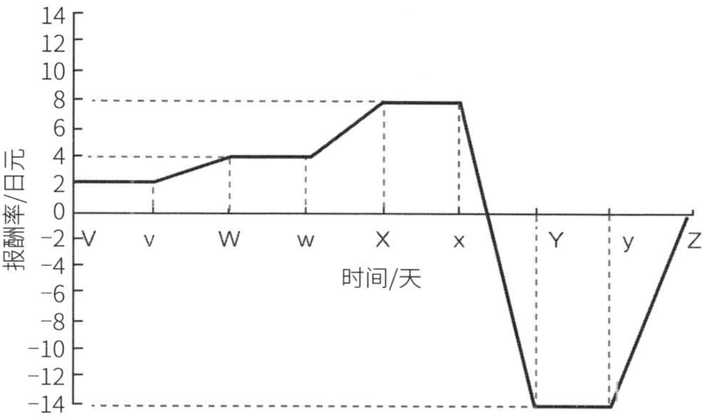

图1-6　市场兴衰模型的每单位时间报酬率变化

（2）进场时间越接近头部，获利越少

把具体的数值代入n后，就会发现几个有趣的地方。

先看V点到Y点之间，股价300天内上涨了1400日元，所以每日的平均价格上涨值为4.67。w点过9天后才入场的投资人获得的平均价格上涨值是4.72，x点过7天后才进场的投资人获得的平均价格上涨值是4.92，两者和4.67非常接近。因此，在这期间买进股票并在50天后卖出的投资人，能获利最多。

令人惊讶的是，在x点过19天后至Z点这一期间才进场的投资人，每单位时间报酬率皆为负数。

换句话说，早在市场触顶之前，每单位时间报酬率就开始急速降低。投资人缩短持有期间（提高买卖周转率），就能避免这样的情况，但在x点附近股价正处于大涨阶段，而且自己会和周围大多数的投资人想的一样，觉得行情还会续涨，所以才容易做出继续持有这种与实际行情相反的行动。

投资人在投资前，通常会期待股价行情呈现上涨的曲线形态，但通常投资人进场时间越接近头部，获利成果就会离期待值越远，这点必须多加留意。

6. 这样解读K线，搭上主力的顺风车

（1）利用移动平均线，观察市场走向

再回到图1-1，综合思考股价刚过D点后的状况吧。

股价大幅向上背离了基本面。市场的未平仓多单已经膨胀到相当大的规模，多数投资人的持有成本（买进价格）应该会集中在高档（高位）区附近。

长期持有股票的投资人，开始卖出停利，股价随之下跌。于是大多数投资人的未实现获利[①]开始急速减少，甚至还可能变成未实现损益[②]。

之后，资金力量不足（手头较紧）的投资人会开始果断卖出，进而加速股票价格的下跌，这被称为“恐慌性抛售”，最后股价会来到E点。

在这样的状况下，使用加了移动平均线（简称“均线”）的模型会比较容易理解。

移动平均线的计算，是用一定区间的日数除以该区间的收盘价合计，然后用线连接算出的数值。

① 未实现获利是指投资人持有但尚未出售的资产。

② 未实现损益是指以股价相对于持股成本所估算的金额，当股价下跌，就会有潜藏的亏损。未实现损益又叫浮动盈亏。

例如，100日移动平均值是用100天的收盘价除以每天持续买进某只股票的1个仓位的价格所算出的买入均价，所以可用100除以100天的收盘价合计得出。同样，50天的移动平均值是用50除以最近50天的收盘价合计。如果有100天的资料就能算出第50天到第100天的移动平均值，也就是51个数值，连接这些数值就能画出50日移动平均线。

（2）判断买卖时机，均线是很好的指标

在模型中，投资人交易天数的平均价格会等于收盘价，再加上交易单位是固定不变的，当买卖间隔也固定为50天时，理论上可将移动平均线视为平均买进价格（买入均价）的变化。

这里可用图1-7推测。

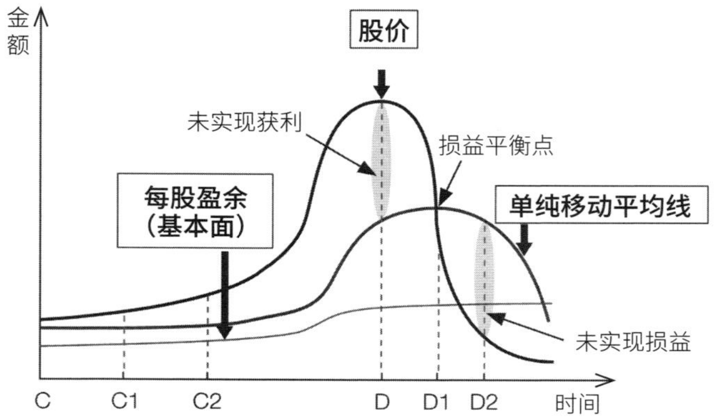

图1-7　追加移动平均线的模型

C1点到C2点之间，市场的成交价（股价）和买入均价大致呈平行状。但C2点到D点，成交价开始大幅超过买入均价。这一背离代表买进的股票实现了获利，背离程度则是未实现获利的金额。

然而从D点到D1点，情况发生剧烈的变化。成交价急跌，使得未实现获利快速减少（成交价向买入均价靠拢），到D1点未实现获利会归零（到达损益平衡点[①]）。从D1点到D2点，持股会产生未实现损益，而且损失会逐渐增大。

就算手里剩余的股票变成未实现损益，有些投资人还是会嘴硬，说就把它当长期投资而不肯卖出持股，但通常未实现损益的扩大和投资人的卖压[②] 成正比（见图1-8）。未实现损益逐渐扩大，会让市场的供需情况逐渐且大幅偏向供过于求。

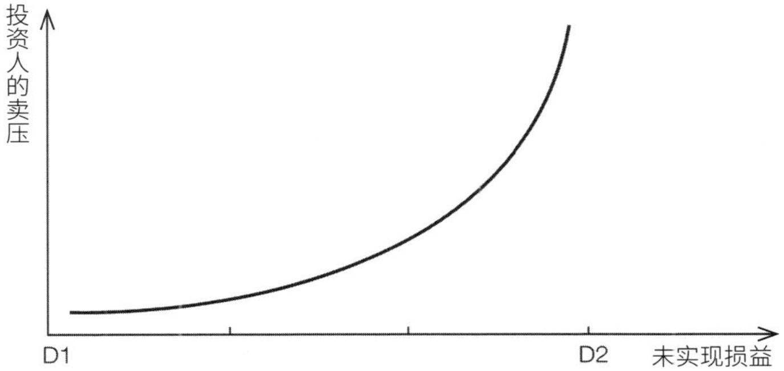

图1-8　未实现损益的扩大与投资人卖压的关系

① 损益平衡点，即盈亏平衡点。

② 卖压是指大量抛售持股，使得股价下跌。

因为一买一卖才有行情，这种状况下除非贱卖，否则交易大多很难成立。于是一堆人开始抛售，想将损失控制在最小限度，这会使得成交价大幅低于基本面。

（3）连出租车司机都关注，就是过热的警示

读到这，我想大家都能理解接下来会发生什么事了。

市场参与者（价格的实际决定者）为了满足追求利益的无穷欲望，自身的心理或行动出现偏离，导致用来交易的股票等标的成交价出现上下波动。

所以，成交价有时会大幅背离股票的内在价值。

随着股价的上涨，市场中大部分的投资人会期待股价进一步上涨而积极买进，所以市场的趋势得到了强化。但成交价背离基本面到一定的程度，成交量在急速增加后会持平，只有股价会急速上涨。

这样一来，投资人的未实现获利会在短时间内急速膨胀，但投资人对市场回跌会越来越没戒心，也不会细心去维护自己持有的仓位。

持有的资产出现大笔未实现获利时，投资人容易沉浸在自我陶醉中，但市场中有越多带有“先入为主的偏见”的投资人，你就越要留意后续的“大意陷阱”。

因为网络的普及，我们可以通过各大媒体获得行情相关的资讯，大众也常会在短时间内倒向同一个方向。不过对于媒体提供的资讯，有时必须解读其背后的含义。

下面介绍一个具体案例。我记得在2000年2月，某日本报纸刊

登了一篇报道，指出纽约的出租车司机会利用排班等乘客的时间，用手机查看美国纳斯达克综合指数。

我一方面觉得他们很热衷于股票，另一方面觉得连出租车司机都在交易纳斯达克综合指数，看来股市差不多到头部了。

之后该指数暴涨，3月上旬便站上了5000点大关，但不久后开始急跌，在2002年秋天差点跌破1000点。

这稍微偏题了，但我想再次强调的是，在市场交易时跟着大多数人一起行动，会让人有安全感，而且等待起来也会很舒服，但有时还是要克服恐惧，靠自己做决策与市场对峙，才能获得丰硕的果实（获利）。

为了实现获利，我们必须注意，目前的股票成交价是处于市场循环的哪个阶段，同时从心理层面分析其他投资人的下一步行动，早其他投资人一步推测出市场的头部和底部，抓住机会买进卖出，提升获利的可能性。

第2章

停利或加码？答案就在K线走势中

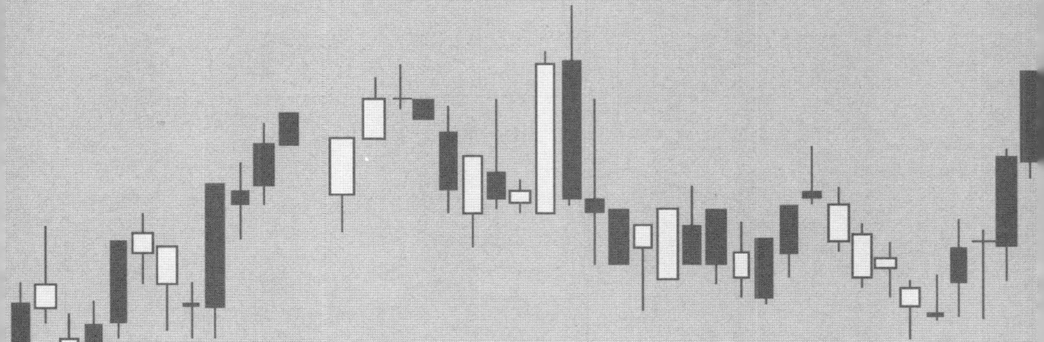

1. 利用K线看趋势，抓住买卖信号

请先看图2-1。一眼就能看出图里这K线是什么指数的人，应该很了解股市。在说出答案前，先请各位想象一下，该商品的股价今后会走出什么轨迹吧。

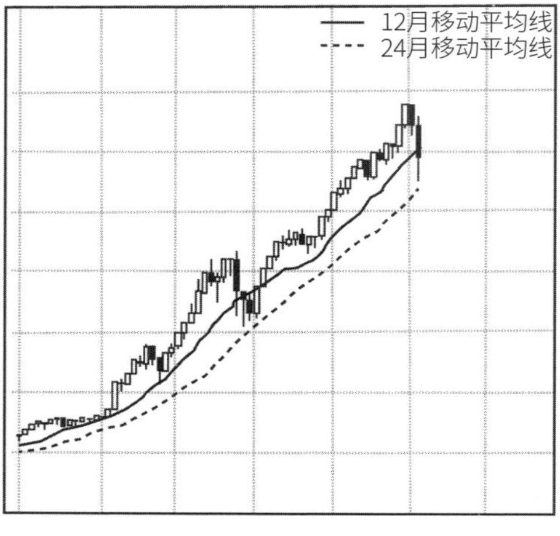

图2-1　K线图的范例

有人说，“它会乘着上升气流振翅高飞”；也有人说，“它会暂时拉回整理，然后续涨”。

先不管结论如何，你是否意识到，每个人都会根据过去的走势，推测现在的价格是位于上涨阶段还是下跌阶段，是在相对高点还是相对低点，还会借此推测现在的趋势强弱，然后综合得出答案。

（1）观察行情的关键：大胆且冷静

从宏观角度看整体局面，再做投资判断，这点非常重要。误判大局只会让你精神疲惫，肯定不会有你想要的结果（高收益）。然而，大局观会依每个人的投资时间、投资金额、交易次数等而有不同的变化。通常你觉得这样做是符合大局观的，但到头来也只是大多依赖每个人的感受罢了。

曾经进场（进行买卖）过的人应该都有这种经验，投资人很容易就越来越信赖自己的持股，然后不太去看利空消息，只会去看到利多消息并往自己想要的方向解释。这就是上一章说过的“先入为主的偏见”。

这导致有些时候，投资人会觉得下跌趋势中的整体区间是底部，进而加码（有时是摊平①），结果股价再次下跌就慌了手脚，然后在真正的底部慌忙抛售；也有人会对续涨抱持妄想，然后在头部附近大笔买进，因此拉高了自己的持有成本（买进价格），最后不得不处理掉在低点买进的仓位。

观察行情的关键在于大胆且冷静，只要下定决心就能采取大胆的行动，但麻烦的是冷静，要保持自制是一件非常困难的事。

既然进了市场，最终目的当然是获取大量的利益，但获利会因如何控制自身的欲望而有很大的差异。

如果自己无法控制欲望，就不得不仰仗其他东西。例如，倾听和参考金融相关人士、专家或其他市场参与者的意见，这都会带来很大的帮助。

---

① 摊平指当买进的股票等标的下跌时，反而加码再买，以降低平均单价，然后等待回涨。

重点在于，他们不一定和大家投资同样的商品，就算是同样的商品，也会有持有成本、目标价位或投资时间上的差异。他们做出符合自身条件的正确对策，但在其他条件下他们的动作可能未必正确。而且就算听了他们的意见，我们最终还是要自己做出判断，到头来还是要跟自己的欲望交战。

（2）K线能发出“上帝之声”？

开场白就说到这，我们回归正题。图2-2是日经平均指数[①]（月线）。

特别是在20世纪80年代后期，每个人都期待股市、不动产、会员证的市场价格能永远上涨，并沉醉在这种期待之中[②]。

我记得当时，别说一般投资人，就连金融相关人士和专家也在高谈阔论，预测进入20世纪90年代后，日经平均指数会上7万点，最后迈向10万点大关。

图2-2是加了后续市场状况的K线图。我想不用多做说明，这表明了股价崩盘后，市场长期处于低迷状态。

说到这，在英国的金融中心——伦敦，就流传着一句话：“行情的走势只有上帝知道，但图表能传达部分上帝之声。”那么，当时的日经平均指数也有发出“上帝之声”吗？

---

① 日经平均指数是从东京证券交易所上市的个股中，挑选出具有代表性的225只股票，所计算出的平均股价。与以所有上市个股为对象的东证股价指数（TOPIX）相同，两者都是显示日本股票市场动向的指标。

② 那时有大量外资涌入日本各个行业，但是当经济泡沫破裂时，股价、房地产、高尔夫球会员、艺术品等价格纷纷暴跌。

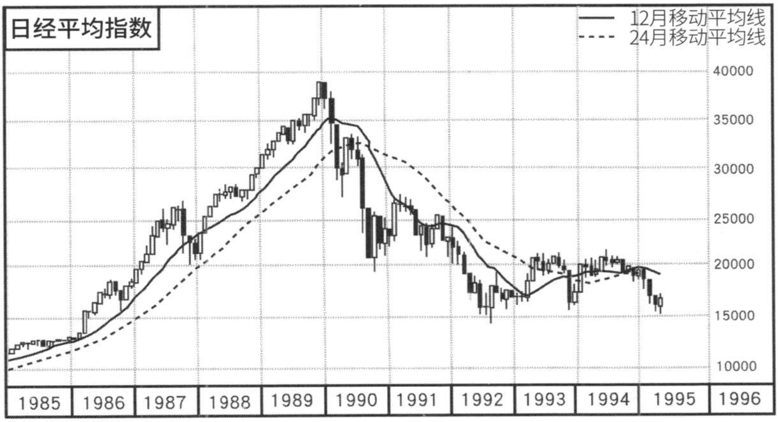

图2-2　泡沫破裂后的日经平均指数（月线）

我们来验证一下吧。

（3）行情走势的秘密都藏在K线图里

图2-3将图2-2的左端部分换成了周K线。

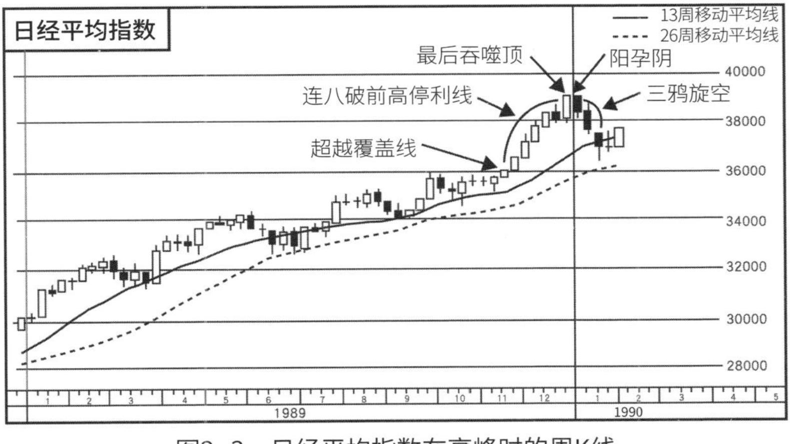

图2-3　日经平均指数在高峰时的周K线

长期持续上涨的日经平均指数，在1989年11月的第3周出现了“超越覆盖线”，又进一步大幅上扬。在12月最后一周来到了史上最高点38957.44点，到此为止已经连续7周创新高了。换句话说，出现了“连八破前高停利线”这个K线形态。周K线出现这种形态，代表创新高已经到了极限，同时也暗示趋势接近反转。到了最后一周，大阳线抱住了前一周的小阴线，形成了“最后吞噬顶”，同时还抱住了1990年1月第1周的小阴线，出现“阳孕阴”的形态，同时第2周和第3周接连出现阴线收盘，形成了“三鸦旋空”[①]。

后面会详细解说这些K线组合。日经平均指数正在形成头部的局面中，与投资人强烈期待上涨的心情背道而驰，连续出现了极具特征的线形，以“上帝之声”的方式，警告投资人“行情已接近头部，应停利出场，注意反杀急跌”，这是千真万确的事实。

由此可见，在泡沫的顶端，大多数投资人还在幻想宴会永久不散并陶醉于此，但K线图极为冷静地暗示了行情的走势。

然而，20世纪80年代保持持续上涨的日经平均指数，现在已经不见踪影。

但也不需要过于悲观。日经平均指数上涨到4万点的概率很低，但从20世纪90年代后期开始，每年也有约平均35％的波动。

这代表任何人都能不劳而获的时代已经过去了，而会看图表、懂得跟趋势买卖的投资人，还是有机会取得硕大的收益的。

① “超越覆盖线”“连八破前高停利线”“最后吞噬顶”“阳孕阴”“三鸦旋空”等概念在第4章会说明。

2. 从K线变化就能看出行情兴衰

K线又称蜡烛线，因为其形状像蜡烛，才有这样的称呼。但它似蜡烛的形态只告诉我们这些吗？

请试着点亮一根蜡烛，会发现芯的前端发出圆形的光辉，红色的火焰会慢慢扩大，慢慢烧掉烛芯。接着，呈现出漂亮的流线型后，会削减自己的生命。火焰晃动着，耐住微风的吹拂，接着逐渐气化。即便蜡烛的身体越来越小，火焰依旧不减其势。到了最后，火焰会急速萎缩，接着使出最后的力气发出一道亮光，便无声无息地结束其生命。

各位有看懂吗？没错，这也能套用在行情上。

刚出现的行情不会有太大的变动，只会反复上下波动。随着行情“成长”，会逐渐累积向上的力量。过了“青年期”进入“壮年期”后，行情会开始越涨越高，持续破前高。等到展现出最后的“光辉”后，行情会突然下跌并走向终点。

我们的内心深处，或许是想从蜡烛摇晃的火光中，找出行情的兴衰规律，甚至是人生的兴衰规律吧。

3. K线该怎么看?

先简单说一下K线。

一天（或一周、一个月）的行情中，肯定会有开盘价、最高价、最低价和收盘价[①]。把这4个价位呈现在一个图表上，就是K线图。

（1）认识K棒的 4 个价位

请看图2-4。开盘价和收盘价中间的部分称为“K棒实体”，上下方表示最高价和最低价的线则称为“影线”。收盘价高于开盘价时，K棒是白色（或红色），反之则是黑色。实体是白色时（或红色）称为“阳线”，黑色时则称为“阴线”[②]。

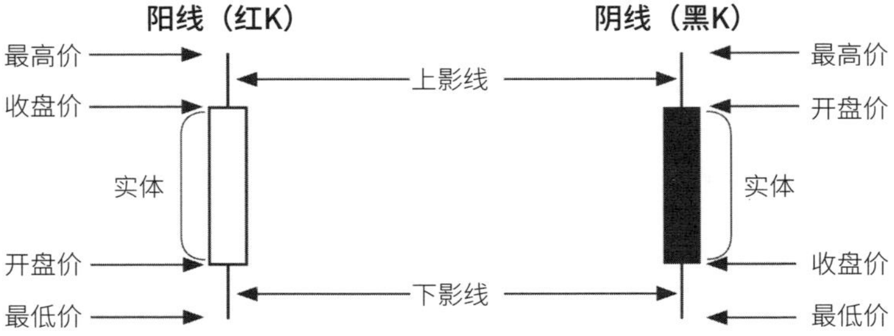

图2-4 K棒的各部位名称和4个价位

① 当天（当周、当月）的最初交易称为“开盘”，其价格称为“开盘价”。而当天（当周、当月）的最后交易称为“收盘”，其价格称为“收盘价”。

② 台湾地区民众多半将阳线称为红K，将阴线称为黑K。

此外，表示一天4个价位的K线称为“日K线”，一周则称为“周K线”，一个月则称为“月K线”。

（2）光看单根还不够，组合线形有更多玄机

说到分析K线图，最基本的就是单根K棒（单线）。

“大阳线”（大红K）、“小阴线”（小黑K）和“十字线”等是比较常听到的名称。各种K线形态都有特定的名称，可显示市场动向的特征，还会告诉我们该K线是在何种环境下出现、市场供需处于何种状态、投资人的情绪及今后行情会怎么走等信息。

这类价格图表，类似的还有欧美地区在用的“美国线”等，但我认为能更真实反映投资人心理的还是K线图（见图2-5）。

接下来，我会将K线图的K棒形态分成5组来解说。这部分是基础内容，请学会，这样你才能进阶到第4章的“组合线形”。

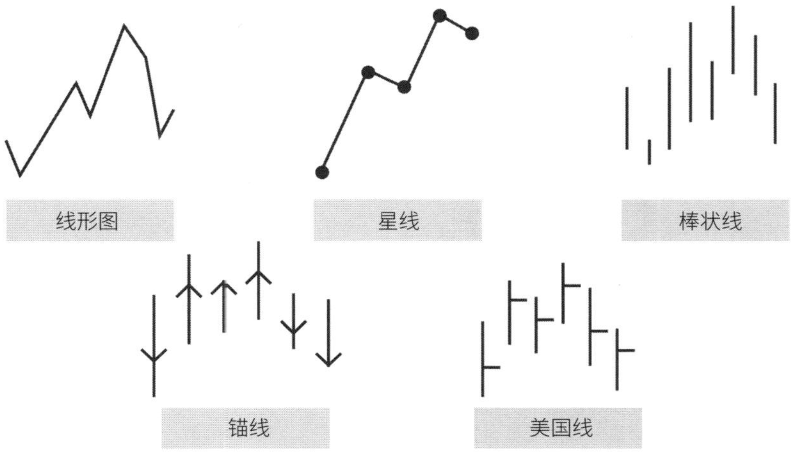

图2-5　各种价格图表范例

4. 认识K线的基本形态

（1）大阳线（大红K）

大阳线是指开盘到收盘几乎都是大涨的K棒，如果是股市，上涨幅度大约是股价的10％。这象征市场的买家气势很强。之后的市场会依大阳线的长度和有无影线等而出现变化（见图2-6）。

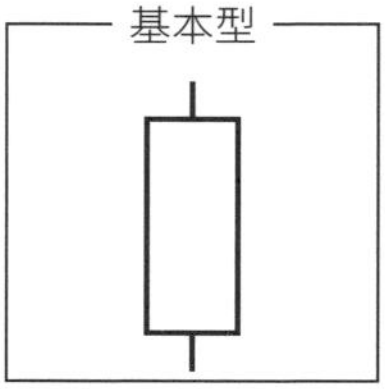

① 光头光脚阳线（当日最低价开盘，最高价收盘[①]）

线形特征：无上下影线的大阳线
买方心理：强烈地期待上涨
市场暗示：强烈看涨

② 光头阳线（最高价收盘）

线形特征：无上影线的大阳线
买方心理：强烈地期待上涨
市场暗示：强烈看涨

③ 光脚阳线（最低价开盘）

线形特征：无下影线的大阳线
买方心理：期待上涨，但有时有失望感或高价警戒感
市场暗示：涨势稍歇
长上影线出现在头部时需要多加留意，这代表部分投资人开始停利

图2-6　大阳线（大红K）

---

① 最高价收盘是指以当天（当周、当月）的最高价结束交易。最高价等于收盘价，所以K棒没有上影线。

（2）大阴线（大黑K）

出现这种K线会让投资人感到非常失望，它刚好和大阳线相反。这个K线的出现意味着一开盘就大跌，然后在低档区收盘，所以空方极为强势（见图2-7）。

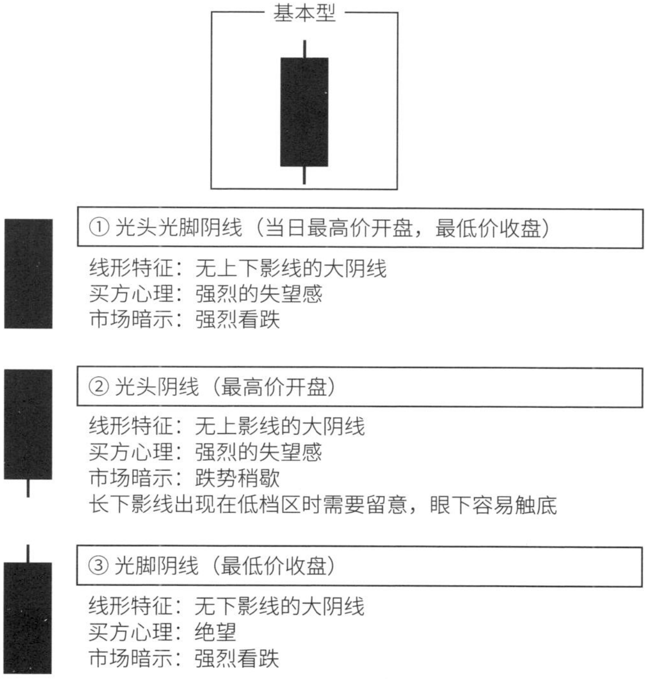

图2-7　大阴线（大黑K）

（3）小阳线（小红K）

小阳线意味着收盘价高于开盘价，其上下方都有短影线，实体部分的长度约为股价的3%。在许多案例中，小阳线连续出现时，后面常会接一根大阳线。小阳线实体的长度、有无影线和影线长度等，都会影响后续行情（见图2-8）。

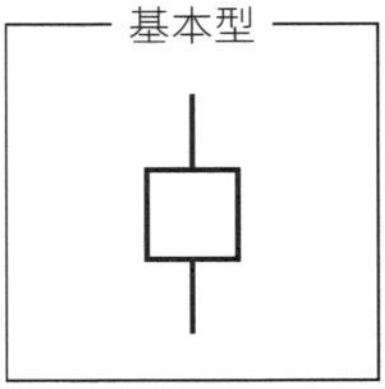

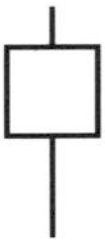

① 下影阳线

线形特征：下影线的长度大于实体和上影线的总长度
买方心理：期待上涨
市场暗示：持续上涨

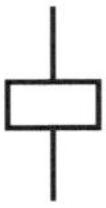

② 纺锤阳线

线形特征：上下影线都很长，实体很短
买方心理：期待上涨但带有踌躇
市场暗示：行情接近转换点，有时行情会加速

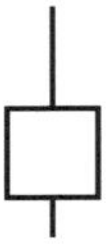

③ 上影阳线

线形特征：上影线的长度大于实体和下影线的总长度
买方心理：高度警戒或失望
市场暗示：进入盘整局面

④ 阳锤子线

线形特征：无上影线，下影线极长
买方心理：期待上涨
市场暗示：该形态出现在低档区会反弹，出现在高档区会反杀，出现在高档区要多加留意，这容易变成“吊人线”

图2-8　小阳线（小红K）

（4）小阴线（小黑K）

与小阳线相反，收盘价低于开盘价，而且上下有短影线，代表市场进入弱势盘整[①]阶段（见图2–9）。

---

① 盘整是指买卖双方互相抗衡，使得股价处于没大涨也没大跌的状态。其中股价越盘越低的状况称为“弱势盘整”，反之则称为“强势盘整”。

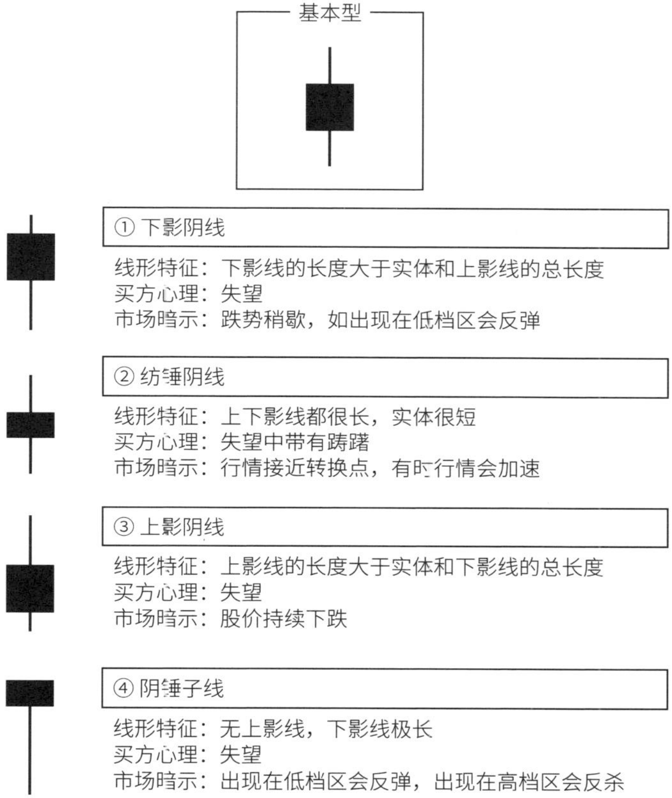

图2-9　小阴线（小黑K）

（5）十字线

该K棒表示开盘价等于收盘价，由于其形状类似十字架，所以被称为“十字线”。十字线出现通常是趋势转换的前兆，后续的盘势会依出现位置而有不同的变化（见图2-10）。

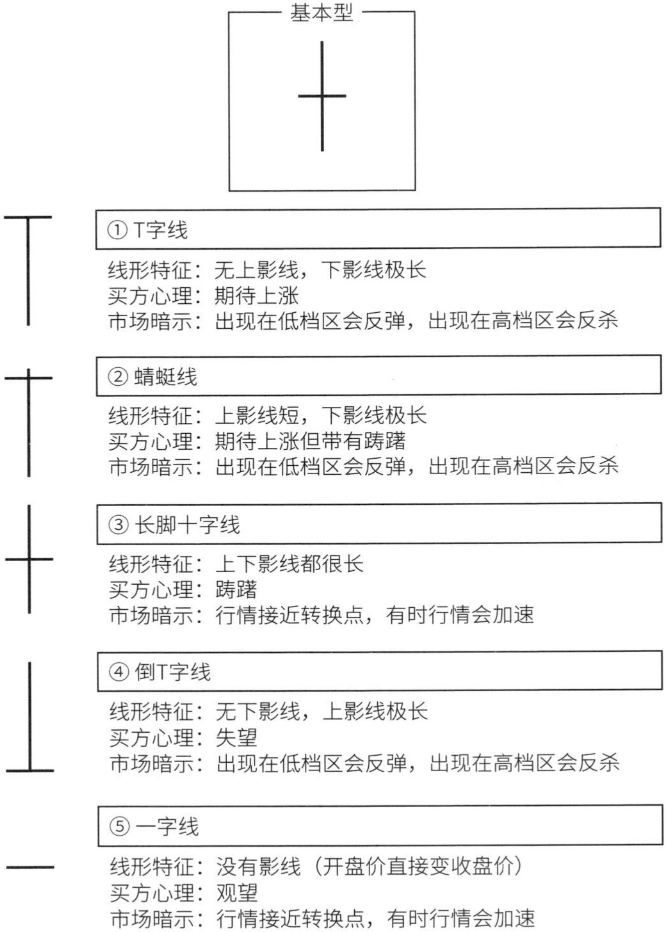

图2-10　十字线

前面已经说明过，K线图能反映出市场的趋势强弱、买卖双方的势力关系和投资人的心理状态，其中最应该注意的是投资人的心理变化。

例如在上涨趋势中，如果再一次出现利多消息，通常投资人会加码或入场。假设行情在那之后没上涨，反而不断下跌走低，投资人看到这种情况，会开始有不同的想法。看好利多的投资人会继续加码，慎重的投资人则会优先停利出场。当投资人对行情的预测出现分歧时，线形也会出现非常有趣的样子[①]。

“跳空缺口”就是一个能精彩反映投资人心理的例子。这是能引发投资人恐慌的典型K线图。“跳空缺口”是指行情突然加速，买方（或卖方）涌现大量的市价单[②]，上周的最高价（或最低价）和当周的最低价（或最高价）没有切齐，股价进行了调整，所以K棒和K棒之间出现了缺口（见图2-11）。这个状况代表市场的供需失衡，所以必须调整股价，才能使交易成立[③]。

K线即便是单线也有重要的意义，而两根以上的组合（组合线形）可更准确传达行情的真实情况或投资人的心理状态。组合线形会在第4章详细解说。

另外，不管是单线还是组合线形，都有一个重点，就是K线出现的位置。K线是出现在底部（低档区），还是出现在行情刚有趋势的时候？或是在行情过了一段时间之后才出现？K线的位置是不容忽视的关键。

---

① “跳空三阳母子十字”和“高档跳空阴线”，就属此类。

② 此为不限定价格的买卖单，想快速成交时会使用“市价单”。另外，指定价格的买卖单称为“限价单”。

③ 跳空不一定会形成缺口，跳空的定义是（若以周K线为例）上周的收盘价和当周的开盘价有差异。所以后面若有例子没有形成缺口，务必以收盘价和开盘价为主。

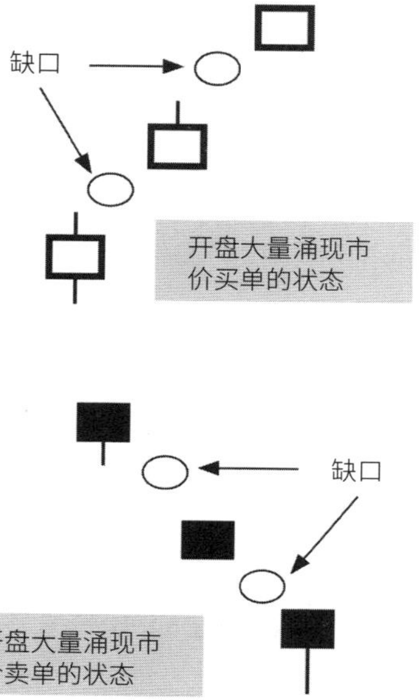

图2-11　跳空缺口

第3章

拆解K线，就是赢家的制胜关键

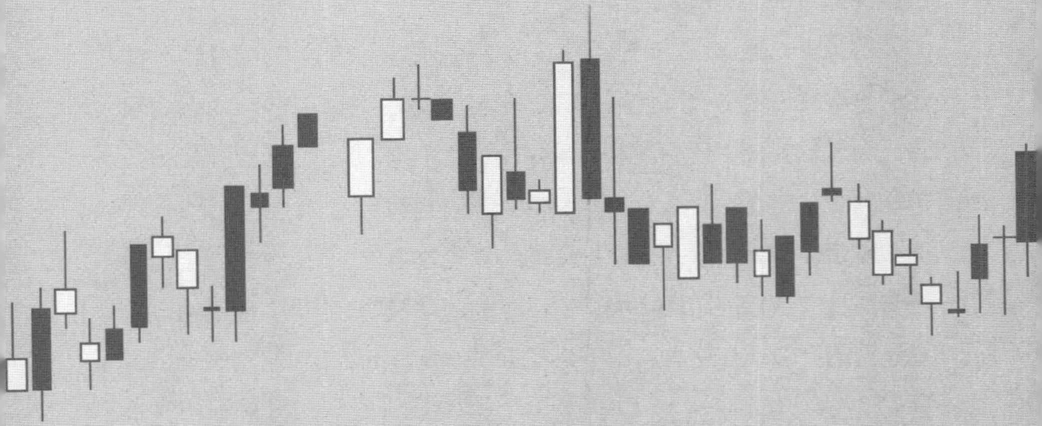

1. 为何收盘价是最重要的价格？

前面已经说过，K线是由每日（或每周、每月）的开盘价、最高价、最低价和收盘价构成的。要成为赢家，希望大家先知道，这4个价格中，最重要的是收盘价，下面会解释为什么。

（1）收盘价是市场参与者共同认可的价格

通常在股票开盘后，因为各种信息等，股价会上下反复变动。而接近收盘时间时，市场参与者都已充分得知行情变动的原因。于是精通行情的投资人，会依据目前的行情状况，深入思考持有的股票价值是高于或低于目前股价，并考量该价格是否能继续维持，再依状况调整手上的仓位。

这类交易通常会逆着行情趋势，所以市场的趋势常会在接近收盘时再次发生变化①。对投资人来说，这是意想不到的变化，有些投资人会慌忙卖出以确保获利，或是做最小限度的止损。但对自己的市场判断有信心的投资人，只会做必要的仓位调整。

最后会迎来收盘，上述行动的结果为收盘价，可当作大多数市场参与者考量目前市场环境后所决定的合理股价。市场中凝聚了追求获利的欲望，在这种状况下必然会多方博弈后决定出一个数值，那就是收盘价。

① 例如上涨行情中的回跌。

（2）从影线长度可看出盘中的买卖压

例如，就算某个交易日几乎形成“光脚阳线”，上方卖压的强弱也会决定收盘后的上影线长度。上影线越长，就能知道卖压越大（见图3-1）。

从最高价或最低价形成到收盘为止的价格变动，能够充分反映投资人的心理状态，可以此推测出市场的潜在供需状况。

另外，将开盘时间和收盘时间设定在上午8点和下午6点①，就能让K线的各种线形充分体现在图表上。

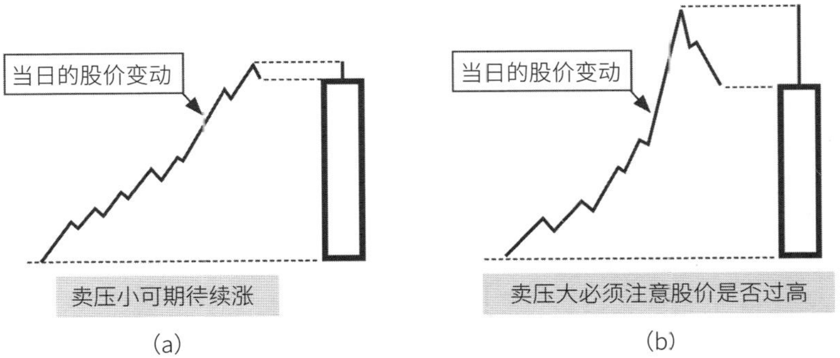

图3-1　“光脚阳线”与卖压

① 文中为日本股市开盘时间，A股的开盘时间为上午9:30—11:30，下午1:00—3:00。

2. 进出场时机就是一切

（1）投资股票，也要“戒急用忍”

当买方和卖方认同某个时间点的价格后成交，行情才会成立，但现实中买卖双方不见得一定能用自己最满意的价格成交。

常会看到认为行情会再涨一波的投资人，原本想用再便宜10％的价格买进，但为了避免没买到，而改用市价买进。十分担心市场会再跌一波的投资人，会优先把持有资产缩减到极限，所以用当前市价卖出。

市场参与者必须随机应变。但这类投资人的急躁情绪，会令其忽略投资时的一个必备条件——保持冷静。这会导致他们砍在“阿呆谷”[①]，或花大笔资金在山顶买进。K线图可以说是客观分析市场的最佳工具。

① “阿呆谷”指在谷底卖出股票。

（2）看到“尽头线”，最好落袋为安

请看图3-2。上涨趋势中喷了一根大阳线，隔周又收阳线，却未更新最高价，显示这种状况的组合线形称为“尽头线”。

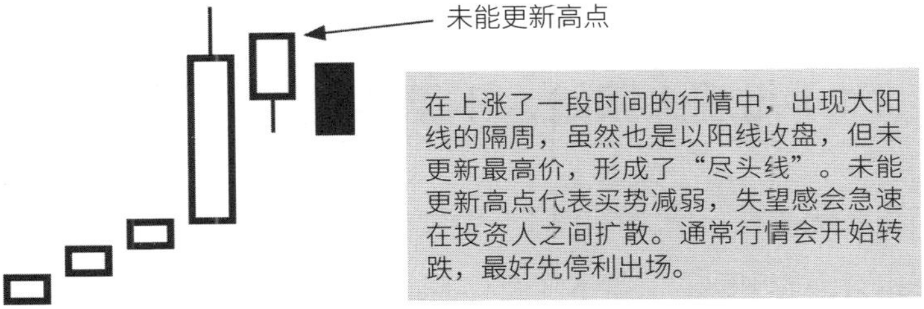

图3-2　尽头线

上涨过程中出现的大阳线，增强了投资人对市场会续涨的信心。而观望的投资人也开始进场下单。包括新入场的人，所有投资人都会注意近期的高点有无更新，更新之后又会涨多少。但就算阳线收盘[1]，如果接近收盘时间还没有人追高，失望感就会在投资人之间大幅扩散。

这种失望感会提示投资人做出两种选择：一是止损，二是继续等待。投资人能否察觉此处是“尽头线”将决定他们是选择离场还是选择等待。

最重要的价格是收盘价，要关注收盘时的市场动向。当更新近期高点的概率趋近于零时，知道此处是“尽头线”的投资人，就能预测该线形将会成立。于是不等隔周，部分投资人很可能就会先卖出部分持股，落袋为安。反之，不知道“尽头线”或其形成过程的投资人，就会在上涨期待和失望之间纠结。等卖压越来越重，他们才会决定卖出持股。

由此可知，各种线形特性会对买卖造成很大的影响。

① 阳线收盘指收盘价是涨的，也就是收盘价高于开盘价。

3. 涨跌信号不在阴线或阳线，而在其出现的位置

（1）出现大阳线，不见得就是买进信号

注意线形在行情循环的哪个位置出现，这点也很重要。同一种线形也会因为出现的位置不同而有不同的意义。

例如，大阳线本身是信号非常强烈的线形。若在上涨行情中出现“最后吞噬顶”，虽然这也是一种大阳线，但结果无法满足投资人的期待（见图3-3）。

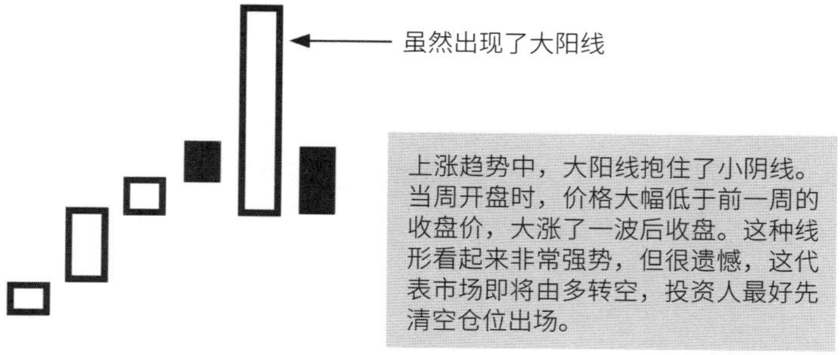

图3-3　最后吞噬顶

行情持续上涨时，一般的投资人会期待行情更进一步上涨，因此将停利目标往上移，暂缓套现出场。

至此，仍手握一堆空头仓位（short position[①]）的投机客等，

① 看涨做多称为long，看跌做空称为short。空头仓位代表投资人手上持有空单的状态。

当市场价格涨到他们无法承受亏损的程度时，就会不得不回补仓位。这种“割肉”止损的回补，会暂时破坏市场的供需平衡，有时会导致市场价格快速上涨。

换句话说，当大阳线出现在上涨行情的高档区时，不见得是新资金入场或加码所造成的，也有可能是投资人惜售而投机客慌忙回补造成的价格急涨，最后形成大阳线。

（2）同一线形在不同位置出现，意义大不同

当然，如果投资人不知道“最后吞噬顶”的存在，就会因为看到大阳线而感到欣喜。但出现在上涨行情的初期阶段且有上涨依据的大阳线，和已经涨了一段时间后出现在高档区且缺乏续涨依据的大阳线，两者在性质上截然不同。

我们必须跳脱“出现大阳线→会续涨→所以买进”的简单想法，退一步去面对市场。因此必须充分留意线形出现的位置。

第4章会以此为前提，同时分析K线图的组合线形。K线图就算是单线，也有很重要的含义，但2根以上的复合线形可以更准确传达市场上投资人的心理变化或具体行动等信息，告诉我们市场的真实情况。

接下来的各种K线形态的解说及实际案例，会采用周K线，原因如下：

- 日K线中，市场不容易显现出趋势，可能无法充分反映投资人的心理。
- 月K线中，上个月和当月的K棒实体容易重叠，线形也不容易

反映投资人的心理。

此外，线形出现在市场循环的哪个位置很重要，所以在解说线形时，会尽可能依照本书开头提到的谚语“行情总在绝望中诞生，在半信半疑中成长，在憧憬中成熟，在充满希望中毁灭”的顺序进行排列。

在继续阅读前，请注意以下几点：

- 文中会将个别企业的股价K线当作实际案例，但并未推荐特定的个股。
- 各种线形会暗示今后的行情。文中会介绍对投资人来说最好的行动是什么，但战争或政变等特殊情况则不在此列。
- 作者和出版社不对投资相关的损失或损害负责，请读者自行判断，再进行投资。

第4章

一看就懂！解读K线的56种线形

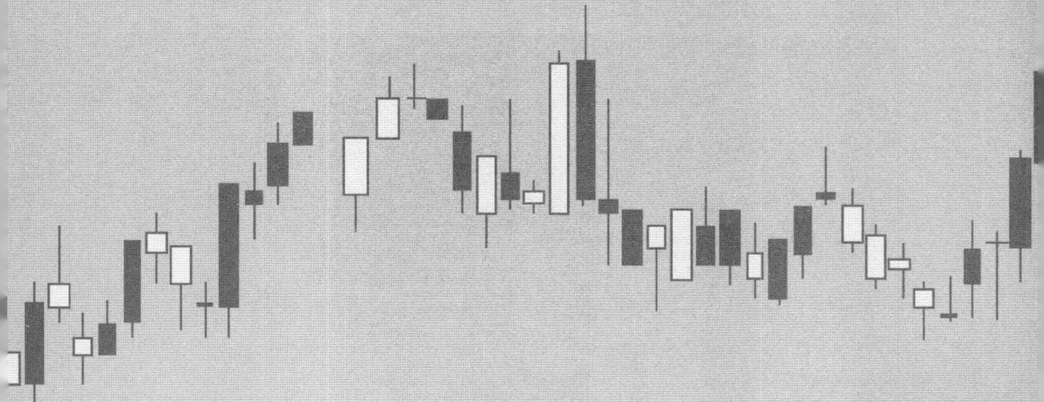

1. 暗示触底的17种线形
（行情总在绝望中诞生）

（1）三连跳空阴线

◎市场环境与线形特征

下跌行情中，因为出现超乎预期的利空消息，所以连续出现了4根阴线，各阴线之间还跳空了（见图4-1）。

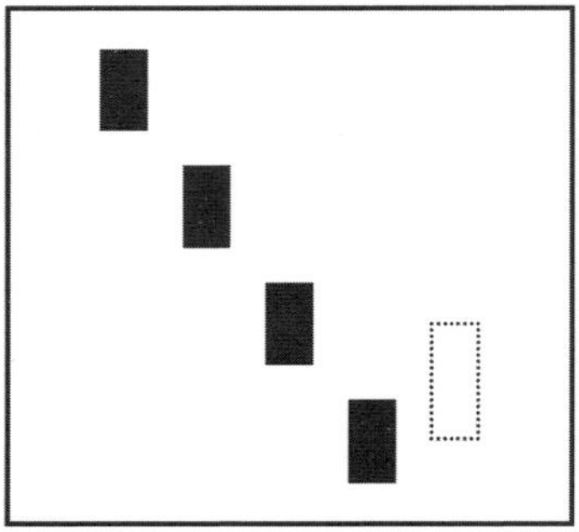

图4-1　三连跳空阴线1

◎买方的行动与心理状态

惊慌失措的投资人为了将损失最小化，一开盘就大量抛单，导致市场交易气氛低迷。投资人的绝望情绪达到顶峰，为股价跌得不见底而感到恐惧。

◎状况分析与市场暗示

投资人接连抛售，这也代表投资人的买单正在急速减少。股价会暂时大幅低于基本面，使得该股票变成相对被低估的个股。等待抛售一轮（投资人的多头仓位几乎消失）后，市场会开始反弹。

Point　早一步买进，布局的机会就会来临。

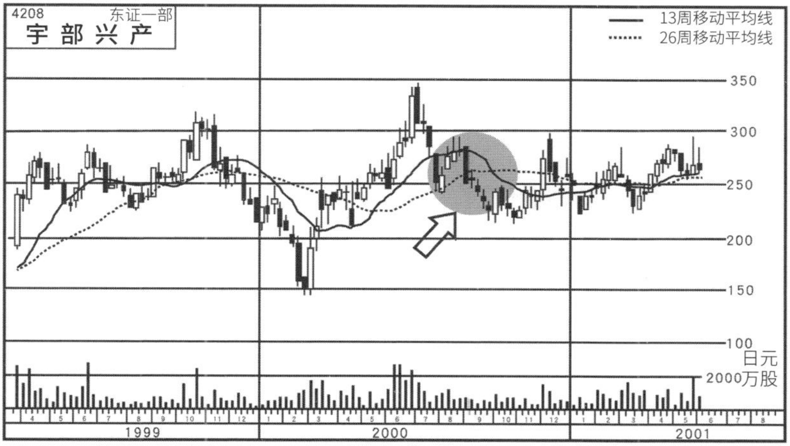

图4-2　宇部兴产周K线

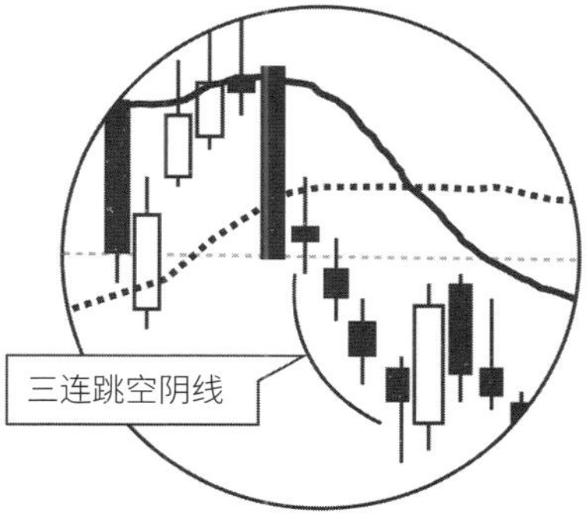

图4-3　三连跳空阴线2

图4-2是宇部兴产（4208）的周K线。2000年7月股价触顶后开始持续下跌，从9月第2周开始，连续往下跳空4根小阴线，形成了“三连跳空阴线”[①]（见图4-3）。10月第1周出现大阳线，市场触底反弹回高点。

① 周K线发生“纯三连跳空”（跳空影线不重叠）的机会很少，只要K棒实体和实体之间连续跳空3次，就可视为广义的“三连跳空”。

（2）连三大阴线

◎市场环境与线形特征

下跌行情中，连续出现3根大阴线，乍看容易以为市场强烈看空（见图4-4）。

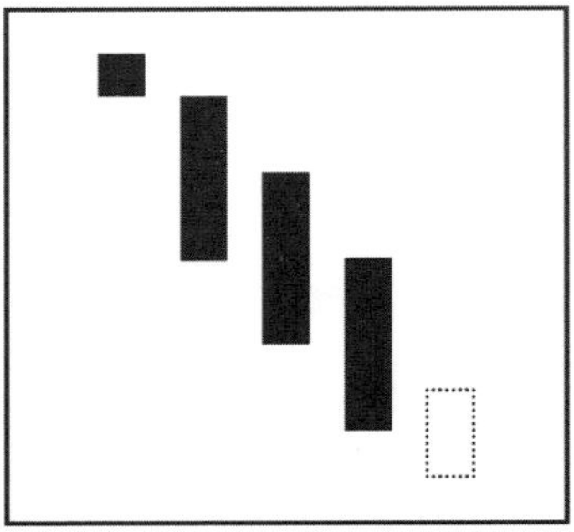

图4-4　连三大阴线1

◎买方的行动与心理状态

大多数投资人会因为绝望和恐惧而抛售持股。在第3根大阴线形成途中，不得不卖掉持股的投资人会内心悔恨，甚至有“再也不碰股票了”的念头。

◎状况分析与市场暗示

出现第1根大阴线前，市场已经在持续下跌的状态，但因为跌幅较缓慢，应该会有很多投资人不把它放在眼里，觉得市场只是暂时进入盘整阶段，所以市场的多头仓位没有减少。等到形成第1根大阴线后，大家才会终于清醒，于是大多数投资人开始“割肉”，想尽可能减少损失。但就算此时投资人想抛售也找不到买方，要用非常低的价格才能卖出。等他们回过神来，已经连续3周出现大阴线，市场可谓一片惨淡。

于是市场上的买单会消灭殆尽。此时股价会大幅低于基本面，所以行情会开始逐渐反弹。技术分析上最有效率的做法，就是在第3根大阴线显现期间进行试单[①]，等到下一周确认出现阳线后，再加码。

① 市场的方向性不明，利用少量买单确认市场反应的下单方式，就称为“试单”。

Point 请考虑试单。

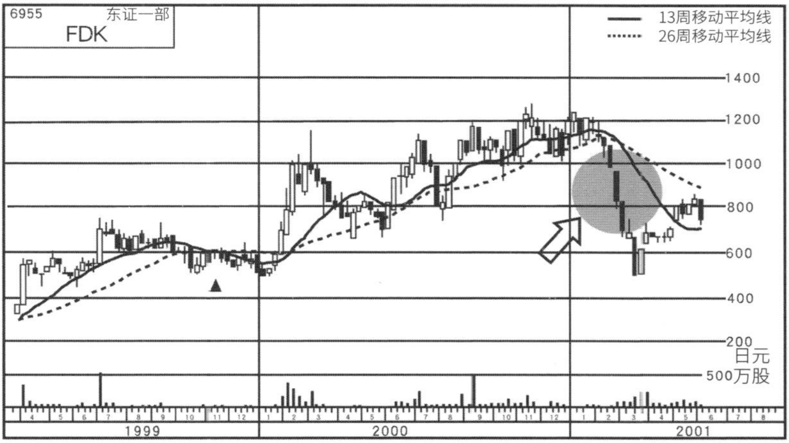

图4-5　FDK周K线

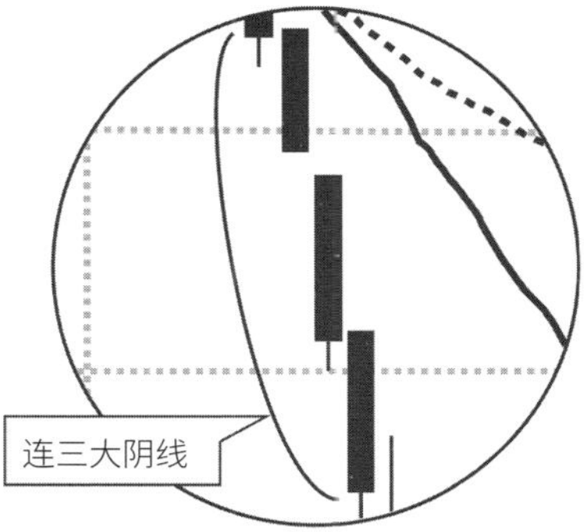

图4-6　连三大阴线2

图4-5是FDK（6955）的周K线。2001年2月第3周，开始连续出现3根大阴线，形成了“连三大阴线”。在3月股价又再往下探。但第4周出现了大阳线，股价开始尝试找反弹高点[①]（见图4-6）。

① 反弹高点是指市场触底反弹后的高点。找反弹高点是指股价在触底后，开始测试能反弹到多高。

（3）最后吞噬底①

◎市场环境与线形特征

下跌行情中，出现一根大阴线抱住了小阳线。这是当周开盘价大幅高于上周的收盘价，最后却大跌收黑的状态（见图4-7）。

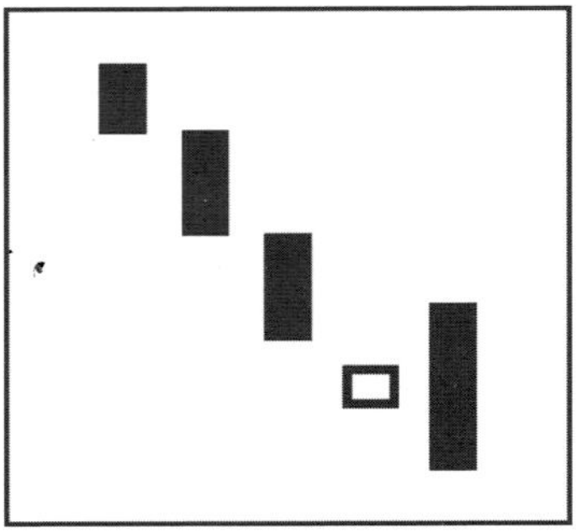

图4-7　最后吞噬底1

◎买方的行动与心理状态

持续下跌的市场，已经让投资人感到疲倦。在这过程中出现了一根小阳线，让大家喘了口气，结果隔周又收大阴线，让投资人再次坠入绝望的深渊。

◎状况分析与市场暗示

下跌行情中的小阳线，代表部分投资人在试单。从结果来看，收大阴线当周的开盘价，大幅高于上周的收盘价，这代表投资人逐渐恢复购买信心，认为市场会反转，而追高买进。

从这样的价格变动中可推测市场正自主迈向反弹阶段。由于出现预料之外的利空消息，扛不住损失的投资人大量出售持股，从而形成了大阴线，市场也因此利空出尽，止跌回稳，慢慢开始触底反弹。

① “吞噬”又称子母线。“空头吞噬（阴子母）”是指小阳线后出了一根大阴线，且小阳线的最高价和最低价，收在大阴线的开盘价和收盘价之间。反之，小阴线后面出大阳线则称为“多头吞噬（阳子母）”。

Point　布局买进的机会来了。

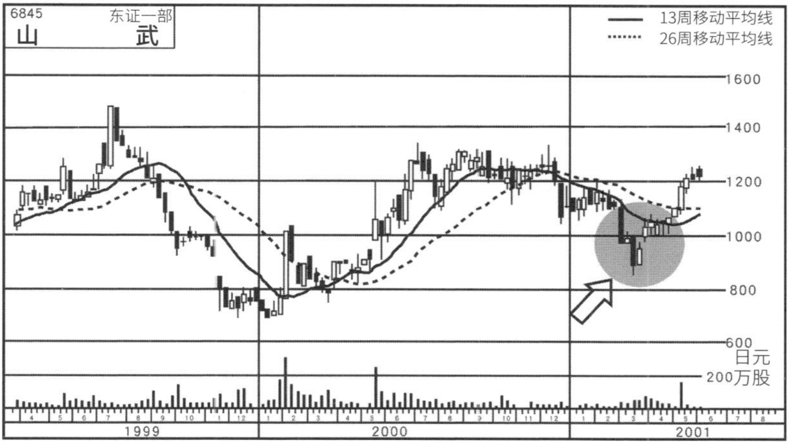

图4-8　山武周K线

图4-8是山武（6845）的周K线。下跌行情中，2001年3月第3周的大阴线，抱住了前一周的小阳线，形成了“最后吞噬底”（见图4-9）。这代表市场已经触底，即将反弹。

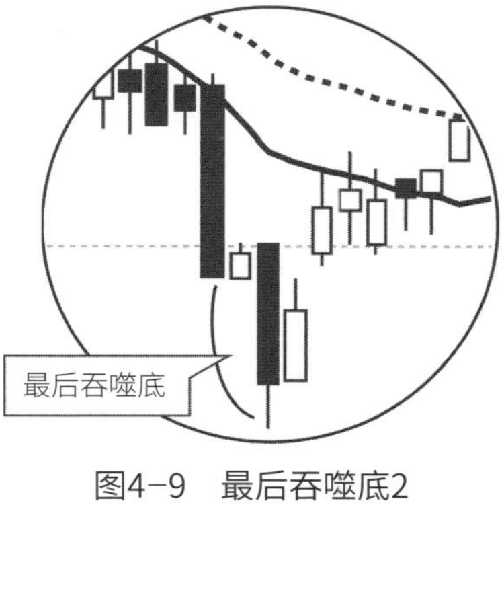

图4-9　最后吞噬底2

（4）晨星

◎市场环境与线形特征

最低点的周K线呈现为阳线或阴线，且前后的K线皆跳空，这根最低点的周K线称为“星形”，星形出现后，止跌反涨的线形称为“晨星”（见图4-10）。

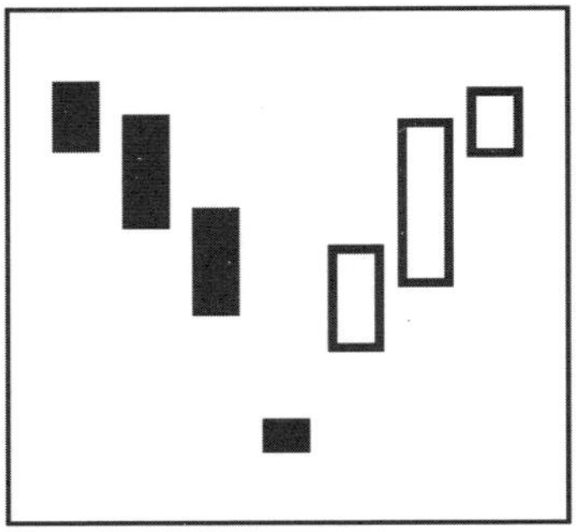

图4-10　晨星1

◎买方的行动与心理状态

下跌趋势中，部分投资人扛不住损失，抛售手上的持股。但市场行情突然反转，让投资人感到安心，买单也逐渐增多。

◎状况分析与市场暗示

这是“卖压高潮”的典型。投资人进行最后的抛售，使得股价向下跳空（跳空开低）[①]。推测是因为在周末股市休市时，又出现了利空消息，所以周一开盘时市价卖单才会大量涌现。

卖单多到会跳空开低，但收盘价却几乎等于开盘价，这代表大部分的卖单已经被消化完毕，暗示市场潜在的反弹力道逐渐增大。之后如果是续跌，股价就会再跌一段时间。但大概是利空消息被正式否定的缘故，隔周局势突然改变，市价买单大量增加，因此出现股价向上跳空（跳空开高）的状况，投资人开始进场布局。

① 跳空开低，代表当周的最高价比上周的最低价还要低，或当周的开盘价低于上周的收盘价。换句话说，这就是向下跳空缺口。反之，上涨的跳空缺口则称为“跳空开高”。

Point　这是新资金入场的机会，也可考虑买回之前清空的仓位。

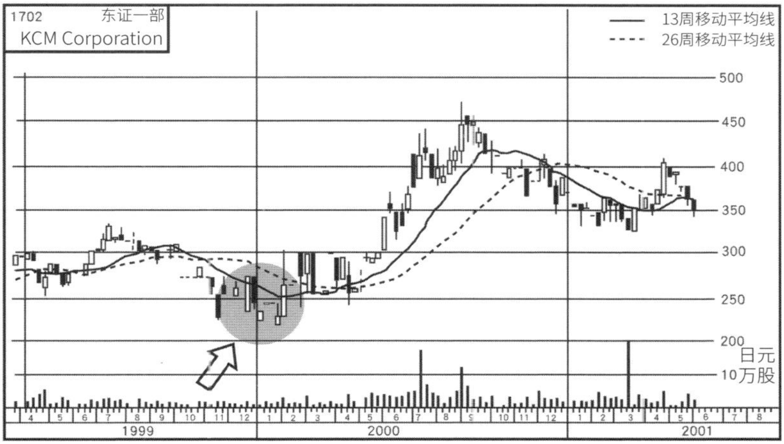

图4-11　KCM Corporation周K线

图4-11是KCM Corporation（1702）的周K线。1999年8月后股价持续下跌，在1999年12月的最后一周，出现大阴线，隔周向下跳空出现小阳线，盘整震荡①后出现大阳线。此时跳空开低的小阳线就是“晨星”（见图4-12）。股价在触底后，逐渐反转回升。

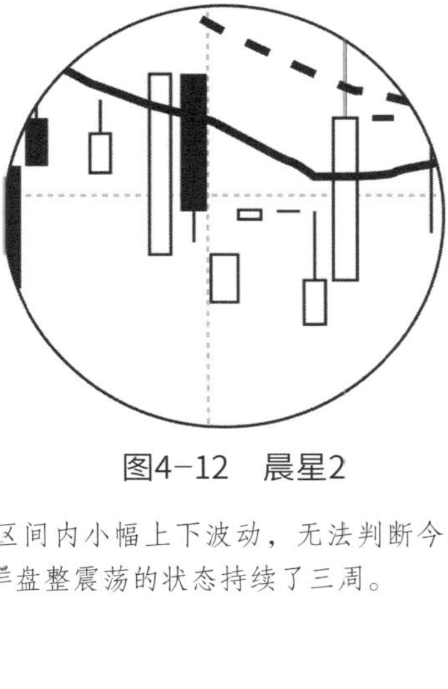

图4-12　晨星2

---

① 股价在一个区间内小幅上下波动，无法判断今后涨跌方向的状态就称为“盘整”。此处这栏盘整震荡的状态持续了三周。

（5）晨星弃婴

◎市场环境与线形特征

股价持续走跌的过程中，出现了大阴线，隔周跳空开低形成“向下跳空十字星”（见图4-13）。

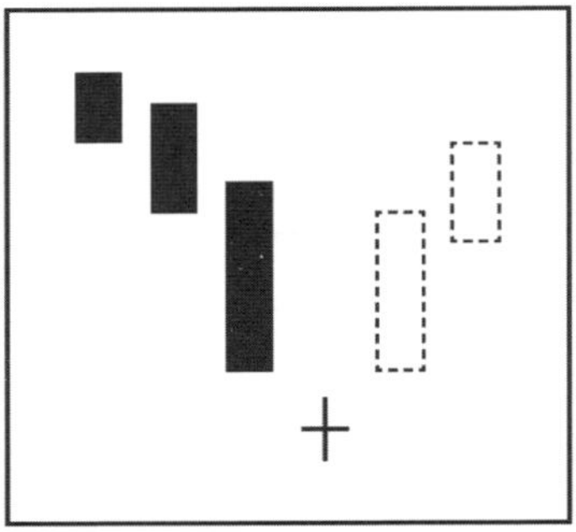

图4-13　晨星弃婴1

◎买方的行动与心理状态

股价持续下跌，投资人的不安情绪持续加剧，如果出现意想不到的利空消息，投资人就会因为对市场绝望而卖出持股，最后形成大阴线。接着，隔周一开盘就涌现大量市价卖单，造成了跳空开低。

◎状况分析与市场暗示

股价长期下跌，投资人纷纷卖出手上的持股。结果一个意想不到的利空消息，使投资人加快抛售股票，再加上形成大阴线的隔周，因为上周收盘时还有许多委卖单未消化完毕，导致一开盘股价必须大幅向下修正才能成交，所以产生缺口。

但当周却收了十字线（开收同价），代表底部已经很扎实。从这可推测出市场有潜在的反弹力道（有投资人新入场买进），以及市场已经恢复供需平衡状态。

出现跳空开低后，持有成本（买进价格）太高的投资人，基本上都已经抛售完毕，此时股价容易因为消息面而反弹。如果K线在十字线后的下周开出阳线，即可确认股价触底。

Point　早一步买进，布局的机会来临。

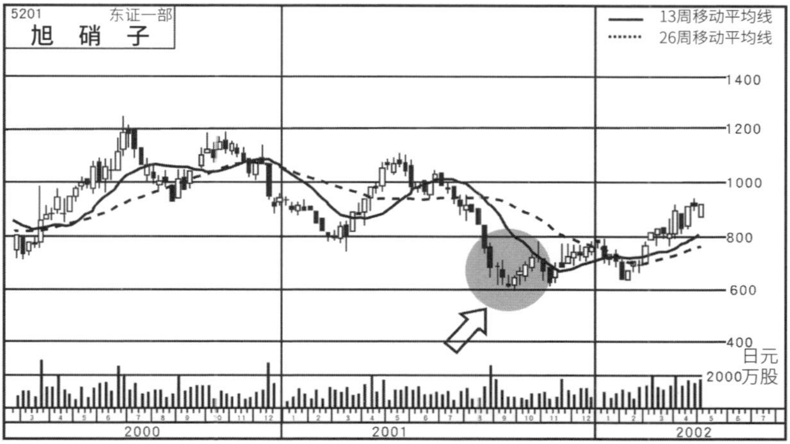

图4-14　旭硝子周K线

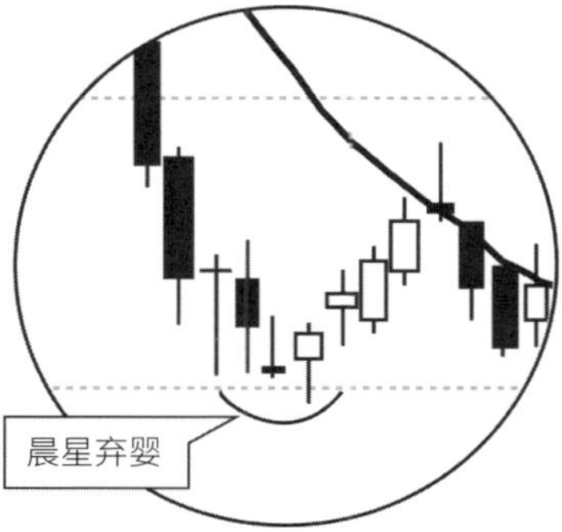

图4-15　晨星弃婴2

图4-14是旭硝子（5201）的周K线。2001年5月形成反弹高点，接着股价大幅走跌。从8月中旬开始连续出现大阴线，到了9月第3周，跳空开低后出现了十字线，形成了“晨星弃婴”（见图4-15）。隔周出现纺锤阳线，即可确认股价触底，之后股价开始缓慢上涨。

（6）多头母子十字

◎市场环境与线形特征

在持续下跌的行情中出现了大阴线，隔周收十字线，且收在大阴线的K棒实体范围中间一带，形成了左大右小的母子线[①]（见图4-16）。

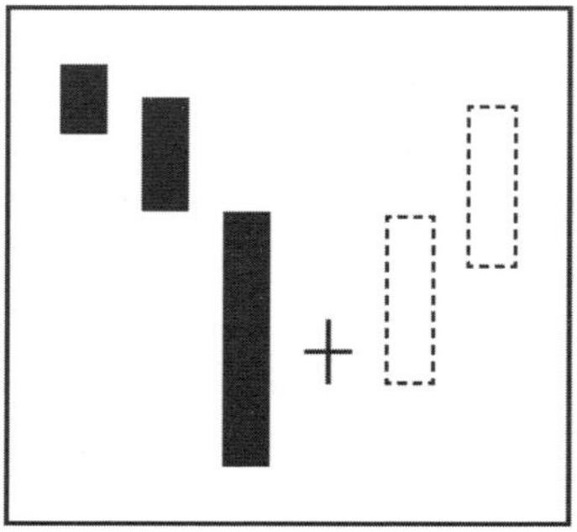

图4-16　多头母子十字1

◎买方的行动与心理状态

行情下跌时，投资人逐渐感到不安，如果进一步出现利空消息，会让投资人感到绝望而抛售持股，因此形成了大阴线。但隔周却跳空开高，缓解了投资人对市场跌不见底的不安情绪。话虽如此，但很多投资人还是很慎重，不敢追高买进[②]，呈现出踌躇的状态。

◎状况分析与市场暗示

股价长期下跌，投资人手上的持股也逐渐抛出，后面又传来利空消息，加速投资人的抛售行为，形成了大阴线。

要注意的是，十字线出现在大阴线的实体中央附近。前一周几乎以最低价收盘，周末利空消息被正式否定，因此在十字线出现的当周，开盘价往上跳空开在前一周收盘价的上方。

市场开始涌现新买单，同时也有卖单涌现，因此市场堆积了大量的单子，且现阶段积极追高的投资人很少，所以进入了盘整阶

① 母子线又称孕育线或孕线，指当周（当日、当月）的K棒实体，收在上周（昨天、上个月）的K棒实体范围内。

② 追高买进指配合价格上涨，逐渐买进。

段，最后收盘价和开盘价收在同一个价位。从这个价格变动中可看出市场的供需逐渐趋向平衡。接下来就是等待反转的契机，此时如果隔周出现阳线，就能确认股价已触底。

Point 这是进场买进的机会。

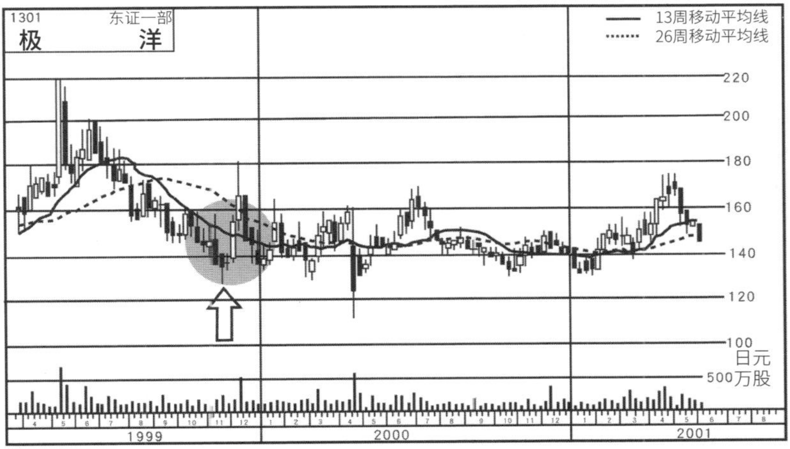

图4-17　极洋周K线

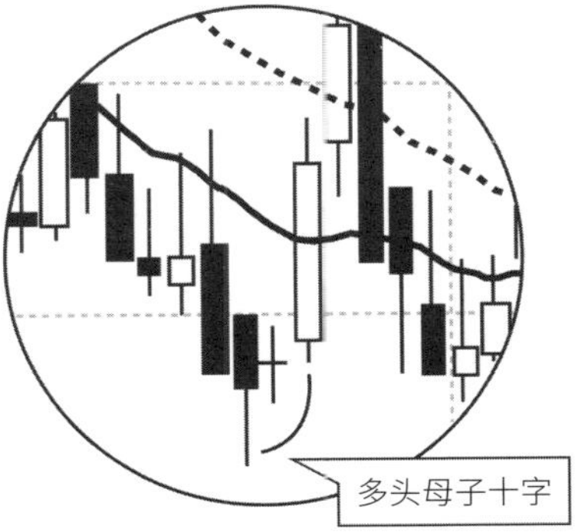

图4-18　多头母子十字2

图4-17是极洋（1301）的周K线。1999年11月第3周，收了一根下影线很长的大阴线，隔周出现十字线，形成“多头母子十字”（见图4-18）。在股价急速反弹后，形成了盘整区间。

（7）阴锤子

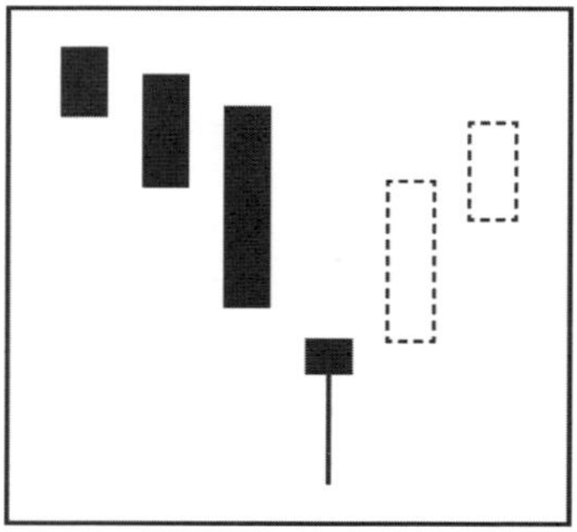
图4-19　阴锤子1

◎市场环境与线形特征

股价持续走跌的途中出现了大阴线，隔周向下跳空，形成了“阴锤子”（或下影阴线）（见图4-19）。

◎买方的行动与心理状态

投资人因为绝望而大量卖出持股。大阴线形成的隔周，市场出现了大量卖单，大幅杀低了股价，不过卖单又在最低价附近逐渐被买回，收了一根下影线。但在此阶段，投资人害怕股价跌不见底的不安情绪尚未消除。

◎状况分析与市场暗示

形成大阴线的当周，收盘时还有相当多的卖单尚未消化完。因此隔周周一开盘，就涌现大量的市价卖单，出现了跳空开低的情况。

此处应该注意的是纺锤线（或下影阴线）的下影线。当周开盘后立刻涌现大量的卖单，所以会在较早的阶段就出现最低价。但之后多空交战，随后卖压减弱，买方获胜，于是收盘价格会大幅高于最低价。

而从最低价买回的力道越大（下影线越长），就代表行情潜在的反弹力道越大。

Point　早一步买进，布局的机会来临。

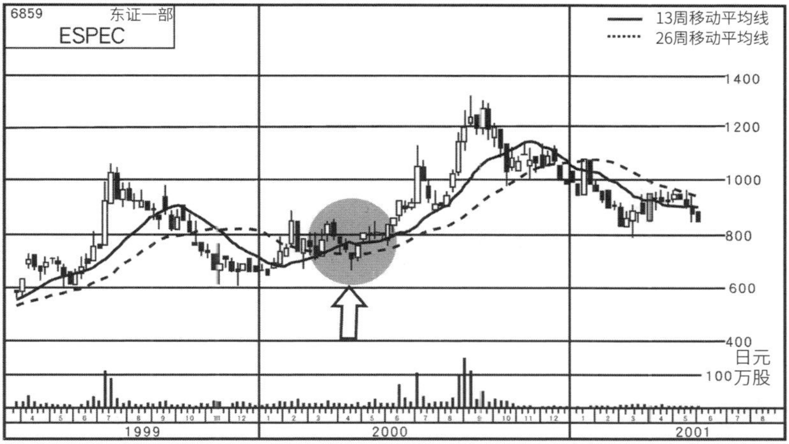

图4-20　ESPEC周K线

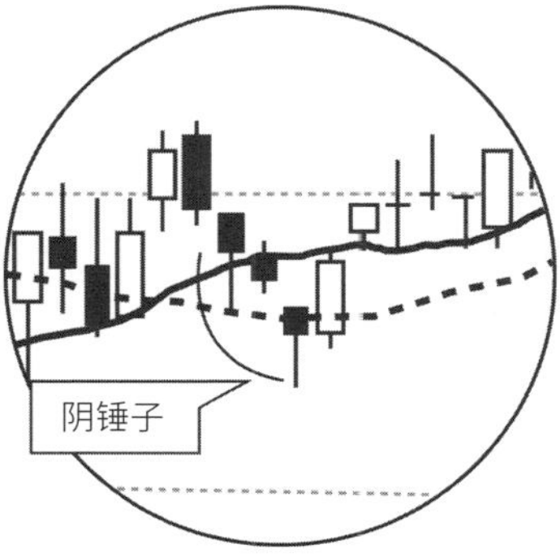

图4-21　阴锤子2

图4-20是ESPEC（6859）的周K线。从反弹高点回跌的途中，在2000年4月第3周出现了阴锤子线（见图4-21），之后股价触底。后续股价一路涨至9月。

（8）阳锤子

◎市场环境与线形特征

股价持续下跌，跳空开低后出现了“阳锤子”（或下影阳线）（见图4-22）。

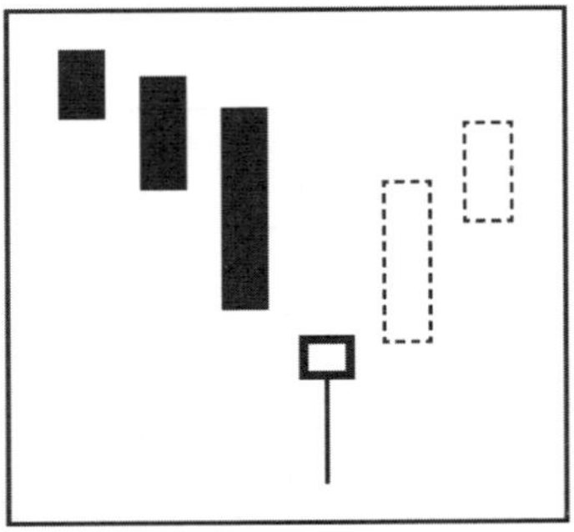

图4-22 阳锤子1

◎买方的行动与心理状态

投资人对行情非常失望，缩减了多头仓位。恐慌性抛售大幅杀低了股价，但当周还是收了一根阳线。此时并不能确定投资人的不安情绪已经完全消除，但可以猜测他们开始感到安心。

◎状况分析与市场暗示

推测是因为周末出现了利空消息，所以在“阳锤子”出现的那一周，刚开盘就涌现了大量卖单，股价也暂时大跌。

因为股价长期下跌，市场的多头仓位几乎已经清空，再次向下跳空并形成下影线的过程中，持有成本（买进价格）太高的多头仓位几乎被清除完毕。

之后市场在当周后半段快速反弹，可推测是因为上周末的利空消息已经被正式否定，或是利空出尽后止跌反弹，市场已经建设好新买单容易进场的环境。而随着最低价买回的力道加大（下影线变长），行情中潜在的反弹力道也逐渐增大。

Point　早一步买进，布局的机会来临。

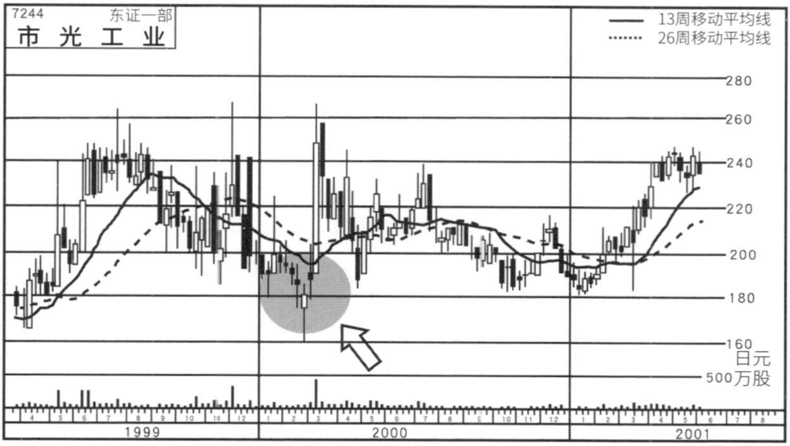

图4-23　市光工业周K线

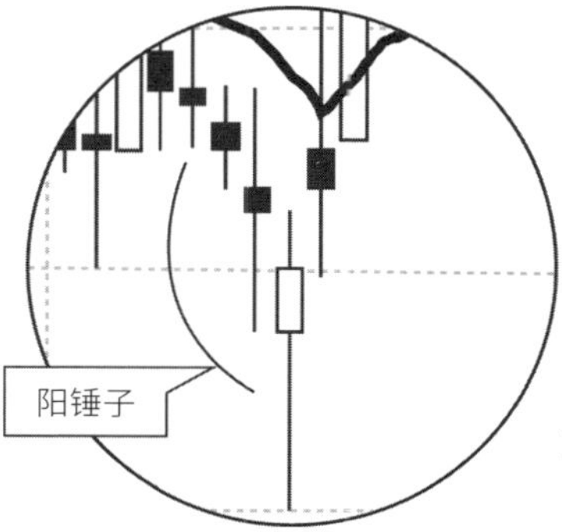

图4-24　阳锤子2

图4-23是市光工业（7244）的周K线。2000年初空头市场还在持续。2000年2月第4周，向下跳空出现下影阳线，形成了“阳锤子”（见图4-24）。经历隔周的纺锤阴线后，3月第2周出现了一根大阳线，代表股价已触底。

（9）阴孕阴

◎市场环境与线形特征

在股价的低档区出现大阴线，隔周出现小阴线，这根小阴线收在大阴线的实体范围内[①]（见图4-25）。

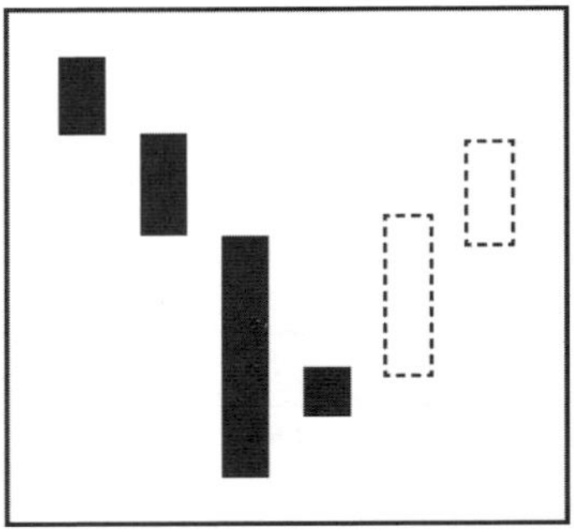
图4-25　阴孕阴1

◎买方的行动与心理状态

大阴线是熊市的标志，而小阴线也暗示市场未来会走跌。两根阴线接连出现，所以投资人很失望，市场被“走熊市”的看法支配。因此投资人会优先减少多单仓位，可以说他们正处于欠缺冷静的状态。

◎状况分析与市场暗示

出现大阴线和小阴线的确暗示股价会下跌走空，连续出现更有加成效果，这种情况下少有新资金进场买入。

出现这个线形，投资人应注意的是当其出现在低档区，股价虽走跌，但收盘价已高于上周的收盘价。换句话说，可推测因为股价一路走跌，投资人的多头仓位逐渐减少，当形成大阴线后，又清掉了一些多单。此外，形成小阴线当周，因为开盘向上跳空，所以价格高于前一周的收盘价，代表潜在的反弹力量正逐渐回到市场。不过看空的人仍占大多数，所以投资人的卖单成了市场上行的压力，价格反弹受阻[②]，股价小幅回落。但小阴线收盘价高于上周，表示

① 只要这根小阴线的大部分实体收在大阴线实体范围内，“阴孕阴”就算成立。

② 反弹受阻是指股价的上涨趋势暂时被削弱，价格小幅下跌。

卖压已减弱。投资人已经抛售过一轮，因此环境有利于股价迈向反弹。

Point　线形出现在低档区时是进场买进的机会。

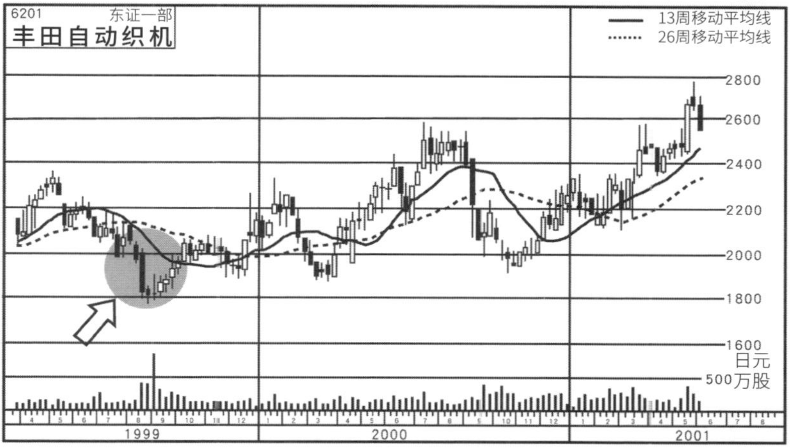

图4-26　丰田自动织机周K线

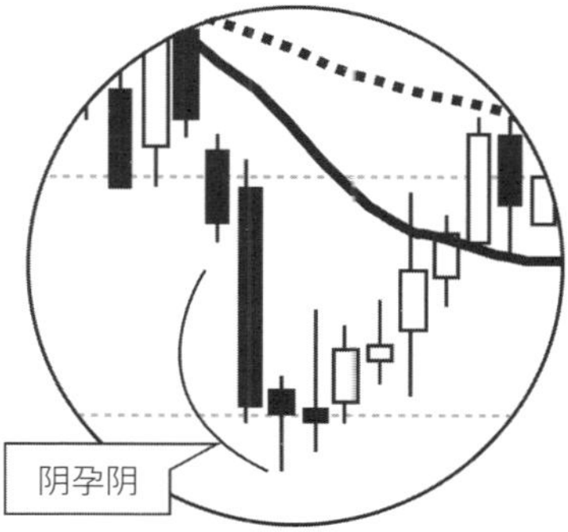

图4-27　阴孕阴2

图4-26是丰田自动织机（6201）的周K线。1999年8月第3周出现的大阴线，抱住了隔周小阴线实体的大部分，等于在低档区出现“阴孕阴”（见图4-27），股价开始止跌转涨。之后，多头市场一直持续到2000年8月。

（10）低档上跳空收大阴线

◎市场环境与线形特征

市场在下跌途中，向下跳空产生缺口，经过弱势盘整后突然跳空开高，但最后收了一根大阴线（见图4-28）。

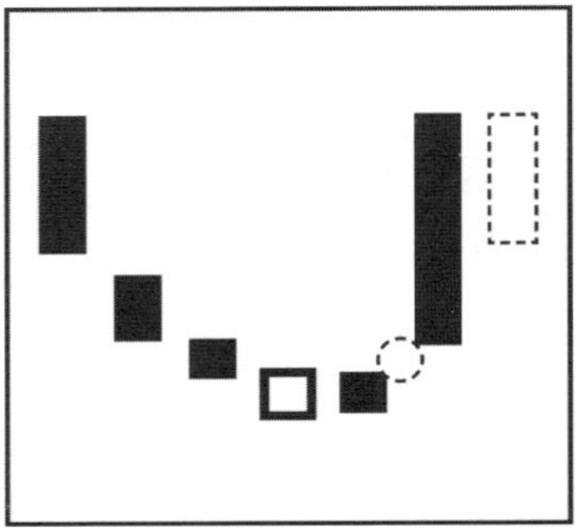

图4-28　低档上跳空收大阴线1

◎买方的行动与心理状态

股价持续走跌时又向下跳空，投资人对此感到恐惧，不得已暂时清空手上的多单。几周后股价突然从低档区向上跳空，收了一根大阴线，投资人再次感到失望。

◎状况分析与市场暗示

股价开低跳空后，投资人会抛售持股。但由于长期处于熊市，投资人开始感觉股价合理①，市场也出现不少新买单，使得盘整持续数周。

这时股价突然跳空开高，向上突破了低档区，推测是因为周末出现了意想不到的利多消息（包括谣言或风声），但之后这些消息被正式否定。刚买进者会先出场，已被套牢一阵的投资人则会把这次机会当作解套的好时机，市场则因供过于求而出现大阴线。可推测持有成本（买进价格）太高的多头仓位已经消失殆尽，市场已经做好反弹的准备，只差一个契机。从技术面来说，大阴线隔周的开盘价若高于大阴线当周的收盘价，投资人即可入场买进（反之则观望）。

① 股价合理是指投资人觉得现今的价格适合买卖。

Point　这是进场买进的机会。

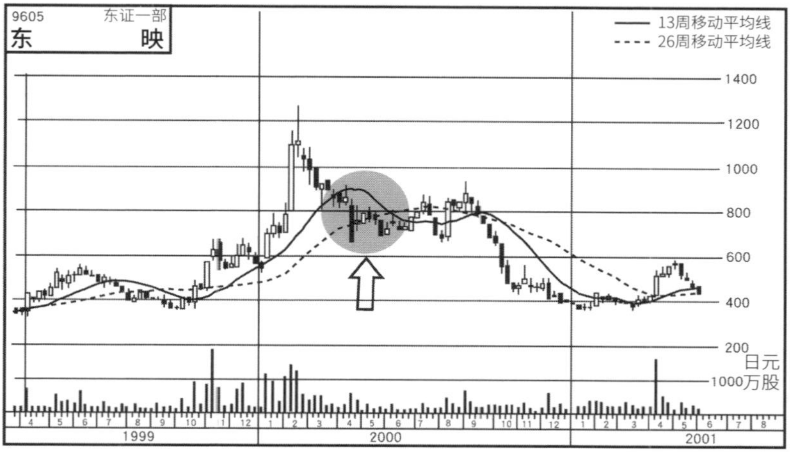

图4-29　东映周K线

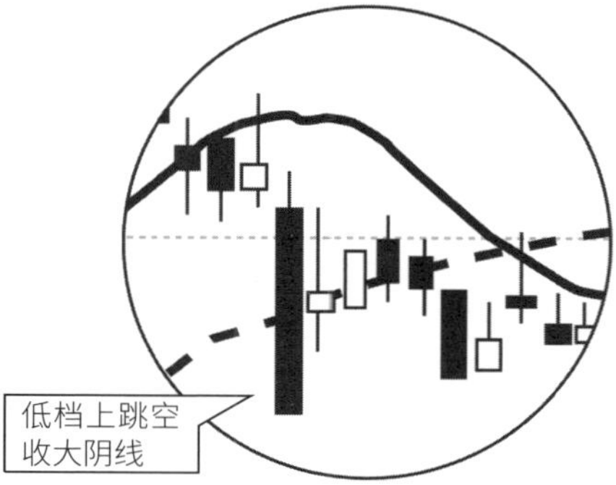

图4-30　低档上跳空收大阴线2

图4-29是东映（9605）的周K线。在股价下跌趋势中，于2000年4月第3周，向下跳空①出现了大阴线。盘整了1个月后，5月第4周再次出现大阴线，第2根大阴线出现的位置较低，但还是形成了“低档上跳空收大阴线”（见图4-30）。市场触底后，出现了小波反弹②。

① 跳空的定义为周K线的开盘价和上周K线的收盘价不同。

② 在空头市场中，止跌反涨称为“反弹”。反弹幅度不高时，称为“小波反弹”。

（11）塔形底

◎市场环境与线形特征

股价下跌途中出现大阴线后，经过一段时间的盘整，突然出现一根大阳线（见图4-31）。

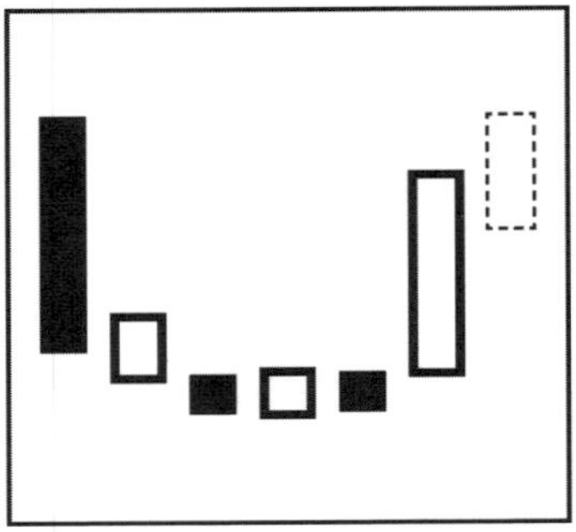

图4-31　塔形底1

◎买方的行动与心理状态

因为投资人大笔抛售，所以形成了大阴线。之后空方清空仓位出场和新买单陆续涌现的交错，致使股价持续进行区间盘整。这时突然出现一根大阳线，增强投资人看涨的信心，于是买单开始逐渐增加。

◎状况分析与市场暗示

可推测在大阴线形成和持续盘整的区间中，市场内持有成本（买进价格）太高的多头仓位几乎被清空。

这时可说，市场已经做好发布利多消息的准备。如果出现如公司业绩大幅增长等大幅超出市场预期的利多消息，投资人自然会做出反应，大笔进场买入，因此形成了大阳线。这种情况下后续也容易聚集买单。市场已经触底完毕，可期待今后股价持续上涨。

Point　这是进场买进的机会。

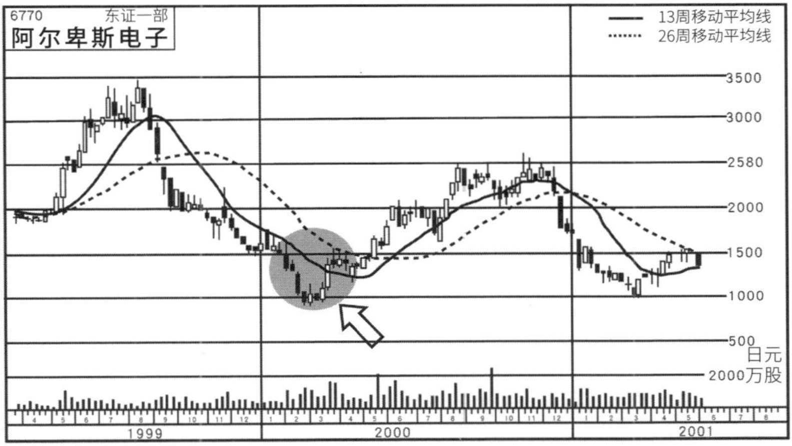

图4-32　阿尔卑斯电子周K线

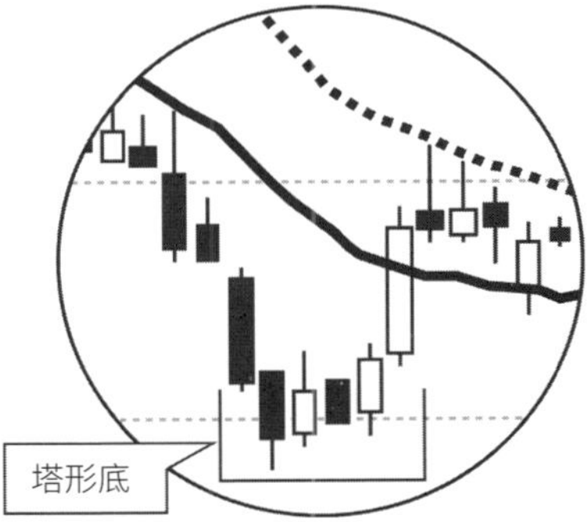

图4-33　塔形底2

图4-32是阿尔卑斯电子（6770）的周K线。2000年2月第3周出现大阴线后，股价持续几周在低档区盘整。3月第4周出现大阳线，形成了“塔形底”（见图4-33），市场已经触底。

（12）向上小跳空收阴线

◎市场环境与线形特征

股价在低档区持续盘整后，向上小跳空后收阴线（见图4-34）。

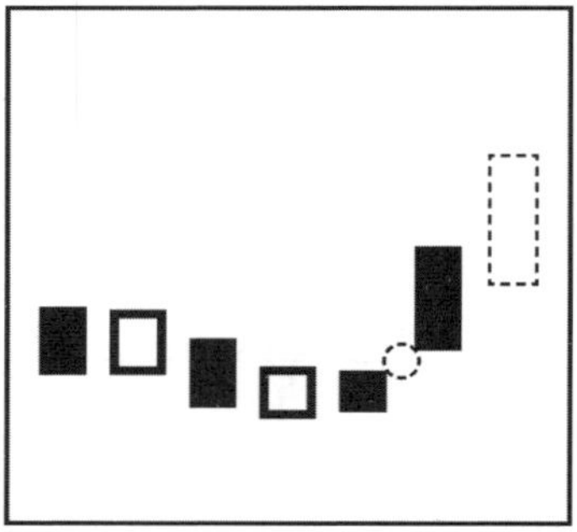

图4-34　向上小跳空收阴线1

◎买方的行动与心理状态

股价在低档区，但市场未出现强劲的上升力道，投资人开始死心或失去兴趣。这时股价突然向上跳空，缓解了投资人害怕股价跌不见底的情绪，但投资人对股价续涨依旧保持怀疑态度，因此上档出现卖压。

◎状况分析与市场暗示

对投资人来说，最好的当然是上涨的行情，其次是趋势明显的行情。当市场没有反涨的可能性时，他们就只能清空仓位出场[①]。

处于低档区却一直持续盘整震荡的行情，是最麻烦的一种。手上早有多单的投资人和刚买进的投资人，都会因此无法下定决心清空仓位。换句话说，此时市场依旧有相当数量的多单。

此时，当股价跳空开高脱离低档区后，可推测想卖出多单的人会多于加码的人，因此当周才会收阴线。出现这个线形虽然可期待股价小幅上涨，但通常市场不会强力反弹。

① 如果跌势更加明显，投资人也可能考虑借券放空。

Point　这是试单的机会，暂时清空仓位出场比较安全。

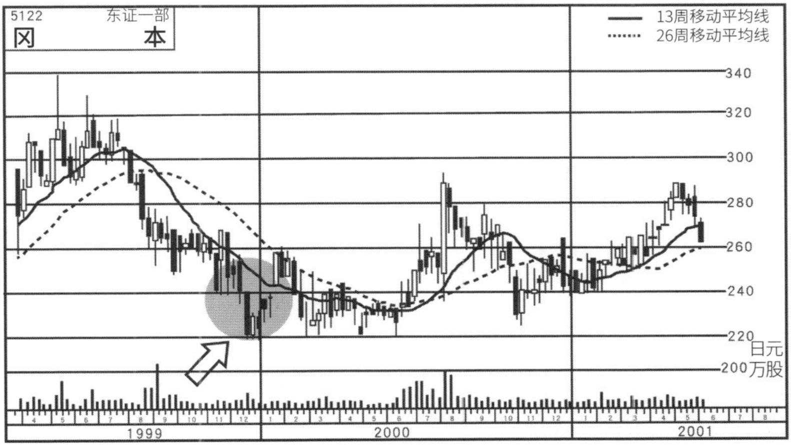

图4-35　冈本周K线

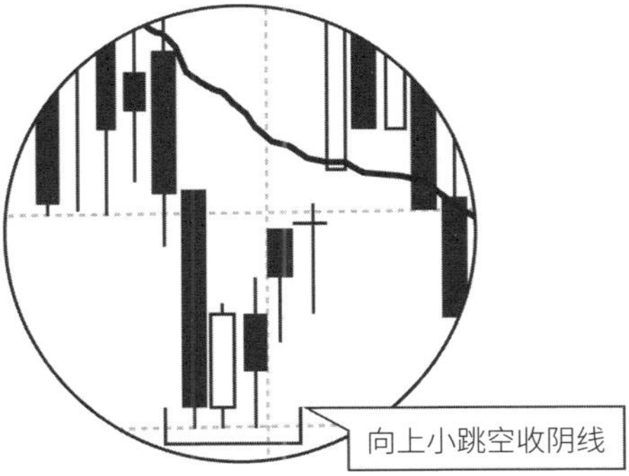

图4-36　向上小跳空收阴线2

图4-35是冈本（5122）的周K线。1999年12月第3周出现大阴线，接着连续两周在低档区盘整震荡，2000年1月第1周向上脱离盘整区，却收阴线，形成了“向上小跳空收阴线”（见图4-36），市场的跌势稍作喘息[①]。

之后股价暂时反弹，但因为上档卖压沉重再次转跌，然后持续横盘。

① 稍作喘息指市场的趋势暂时休止，上涨行情为“涨势稍作喘息”，下跌行情则为“跌势稍作喘息”。

（13）跌尽盘整上跳空

◎市场环境与线形特征

股价在走跌中向下跳空，并在持续一阵子弱势盘整后，向上跳空突破盘整区间，最后收阳线（见图4-37）。

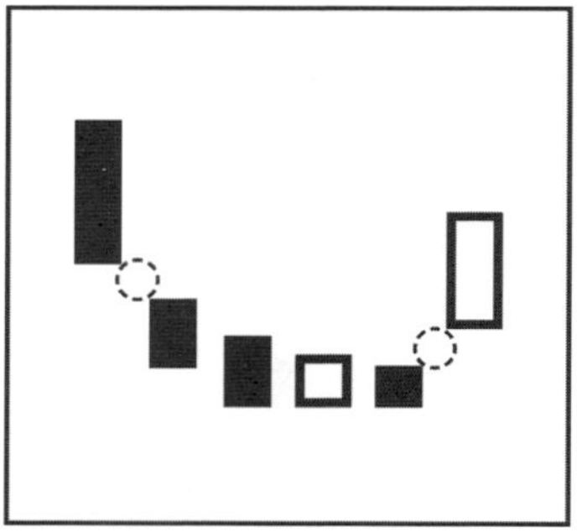

图4-37　跌尽盘整上跳空1

◎买方的行动与心理状态

股价在下跌趋势中又往下跳空，投资人会非常失望，不得已清空手上的多头仓位，市场呈现疲软状态。过了几周后，股价突然跳空开高，突破低档区，最后收了阳线，这表示投资人开始安心，期待股价反弹而入场买进。

◎状况分析与市场暗示

股价向下出现跳空缺口（跳空开低）时，投资人会担心跌势不见底，其中会有很多人出脱手上的多头仓位。由于市场长期处于空头，股价开始变得合理，所以开始有新的买单出现。市场疲软，但持续盘整震荡。

之后股价突然跳空开高，离开低档区，推测是周末出现了预料之外的利多消息（包括谣言或风声）。

可推测持有成本（买进价格）太高的多单仓位，几乎已经被清空出场。这些卖单在盘整区间，已被新进场的投资人吸收。因此市场内的多头仓位没有太大的变化。当形成跳空阳线的利多消息淡去，股价有时会失去上涨动能。线形越是空有其表，它的上涨力道越是值得怀疑。

Point 这是试单的机会，暂时清空仓位出场比较安全。

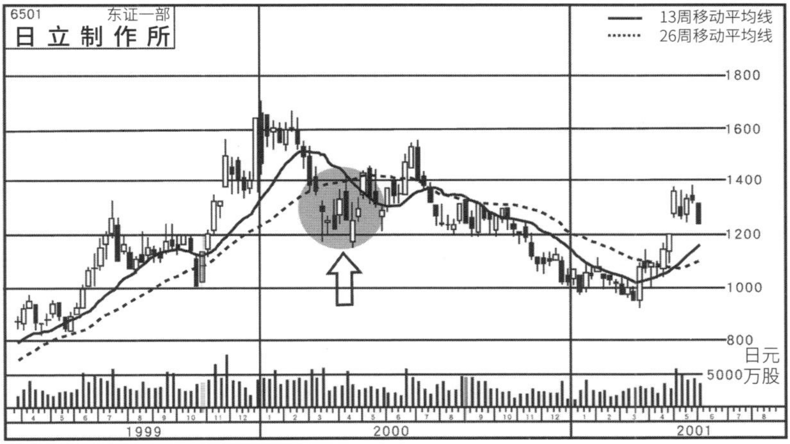

图4-38 日立制作所周K线

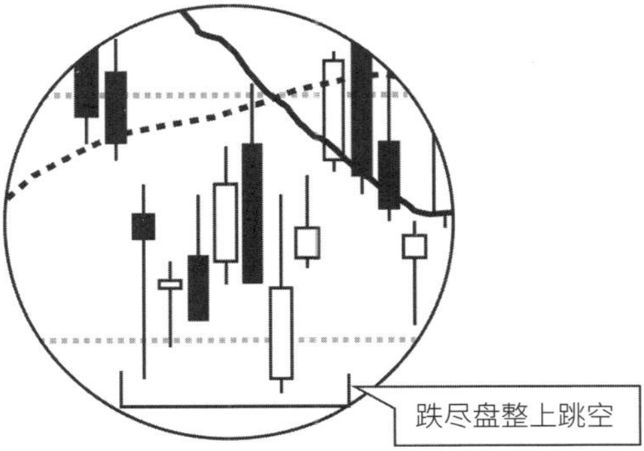

图4-39 跌尽盘整上跳空2

图4-38是日立制作所（6501）的周K线。股价走跌期间，在2000年3月第3周，向下跳空收下影阴线后，股价持续在低档区震荡。接着在5月第1周跳空开高收大阳线，形成“跌尽盘整上跳空”（见图4-39），市场出现小幅反弹。

（14）下跳空盘整收星

◎市场环境与线形特征

股价持续下跌并向下跳空，接着盘整震荡了一段时间后，从向下跳空那周算起第4周，收了十字线（星线）[①]，接着隔周出现大阳线（见图4-40）。

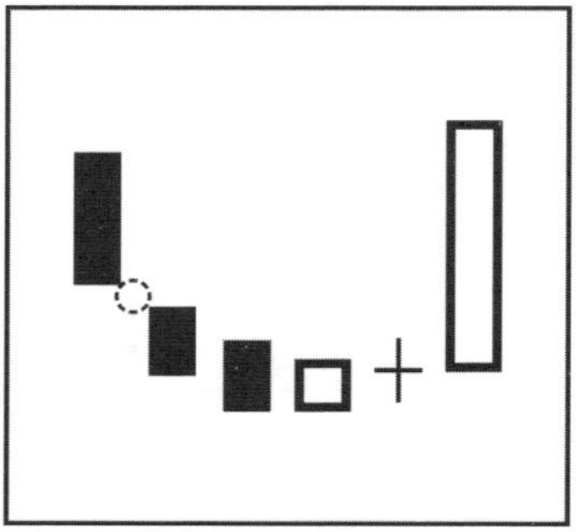

图4-40　下跳空盘整收星1

◎买方的行动与心理状态

投资人持续失望的同时，持续关注股价的走向。股价走到末端收了十字线后，出现利多消息，使得股价急速反弹，买单大量涌现，形成了大阳线。投资人重拾信心，看涨的情绪高涨。

◎状况分析与市场暗示

跳空开低会让投资人更加失望，因为它给投资人带来股价跌不见底的不安情绪，所以投资人逐渐清空多头仓位，卖单增加。另外，也有投资人觉得股价合理开始进场买进。市场里既有卖单，又有买单，使得股价盘整震荡了一阵子。

而跳空开低后第4周出现了十字线，可以推测，股价向下跳空后，投资人抛售的持股和新入场的资金多空交战，使得股价几乎维持不变。但市场缺少了决定股价未来方向的消息，所以到了第4周卖单出尽，而新入场的买单也逐渐减少。

① 在实际行情中，跳空开低后第4周收十字线的情况很罕见，所以收纺锤线也算。

换句话说，十字线的出现代表该股票的市场供需几乎维持平衡，而且投资人选择观望，等候新的消息出现。

之后出现了利多消息，而且大幅超出投资人的期待。于是大量的新买单涌入，形成了大阳线。股价在那之后呈现出强劲的上涨趋势。

Point　这是进场买进的机会，先前减持多头仓位的投资人也可考虑增持。

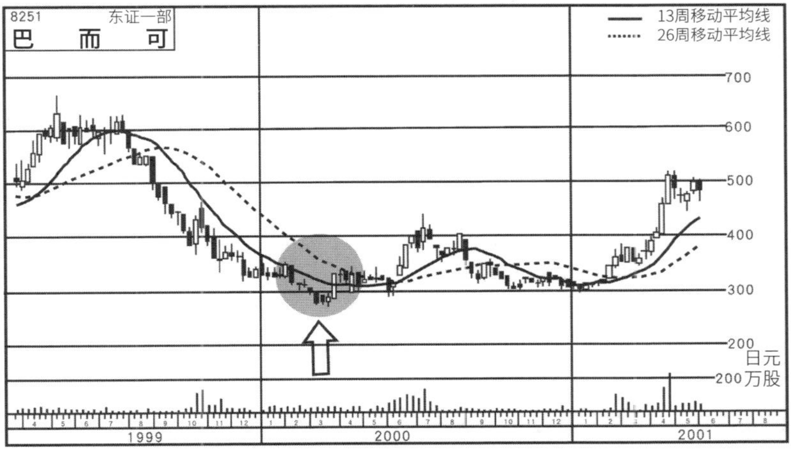

图4-41　巴而可周K线

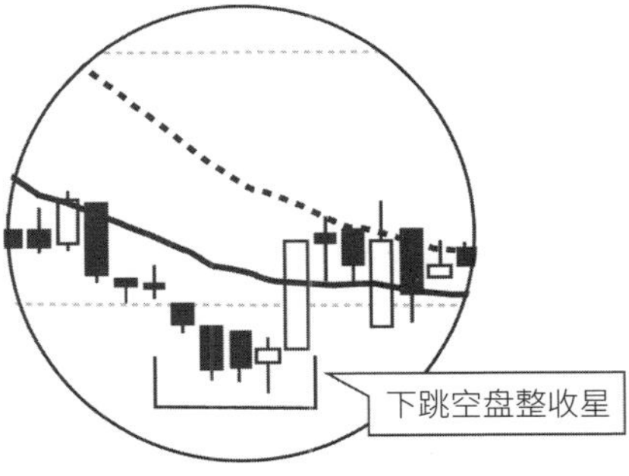

图4-42　下跳空盘整收星2

图4-41是巴而可（8251）的周K线。2000年2月最后一周到3月最后一周，形成了“下跳空盘整收星”（见图4-42），长达约8个月的熊市触底。

（15）多头执带

◎市场环境与线形特征

股价持续下跌中，向下跳空却收大阳线（见图4-43）。

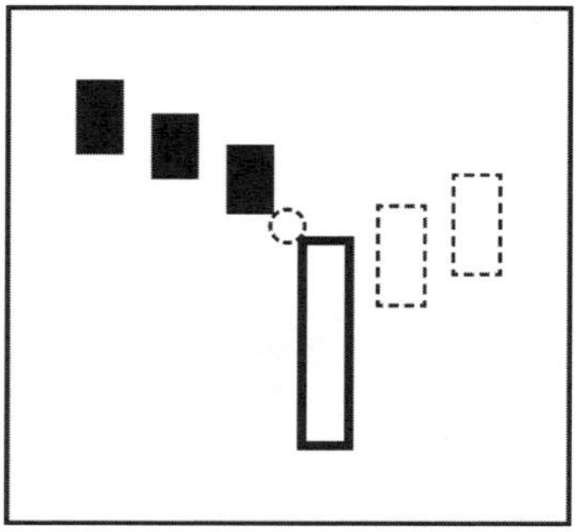

图4-43　多头执带1

◎买方的行动与心理状态

市场陷入投资信心不足时，突然出现足以动摇企业根基的利空消息，导致投资人惊慌失措，同时清空手上的多单。股价在当周收盘时大幅回升，但投资人对股价进一步上涨没有把握。

◎状况分析与市场暗示

这种情况下传出来的利空消息，应该是投资人完全没有预料到的。股价持续走弱，投资人未必看好该个股的未来，但应该也找不到股价跳空暴跌的利空因素。

推测是投资人被周末出现的谣言吓到，下周开盘后恐慌抛售，但很快相关人士就正式否定了该谣言，投资人恢复信心，进而买回股票，或有新资金入场，最后形成了大阳线。

前一周收盘价与大阳线当周收盘价之间仍存在着缺口，这是因为虽然有投资人买回抛售的股票或有新资金进场，但依旧有部分投资人对股价连续性上涨半信半疑，也因为这些投资人的抛售形成卖压，使得股价没有回补缺口。如果之后半信半疑的看法没有消失，此线形所形成的上涨，就会变成一般的小反弹。被贴了“无风不起浪”标签的个股，若要投资人重拾市场信心，需要一段时间。

Point 试单后，如果上档卖压沉重，最好先落袋为安。

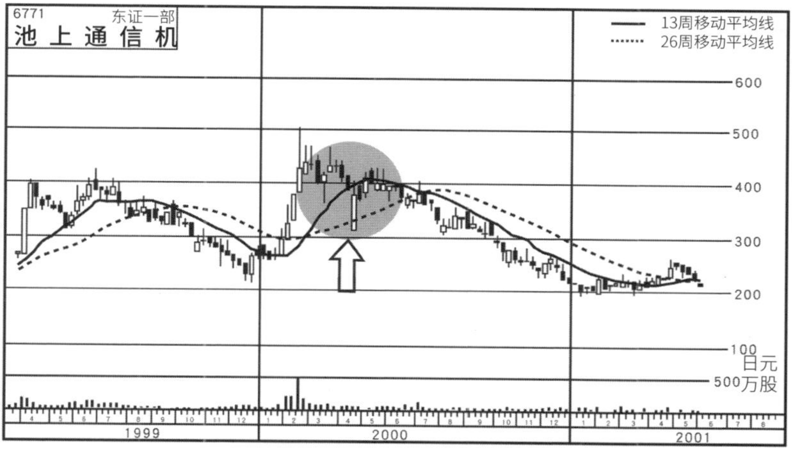

图4-44　池上通信机周K线

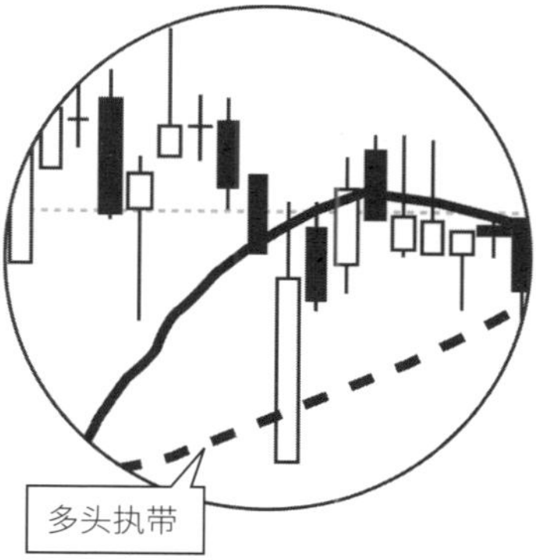

图4-45　多头执带2

图4-44是池上通信机（6771）的周K线。股价从头部走跌，2000年4月第3周出现了“多头执带”（见图4-45），股价出现小幅反弹[①]。但因为上档卖压沉重，最后股价持续走弱。

① 小幅反弹是指空头市场中出现反弹，股价小幅上涨的状态。

（16）多头吞噬

◎市场环境与线形特征

市场处于跌势时，小阴线出现的隔周出现大阳线，吞噬掉小阴线（见图4-46）。

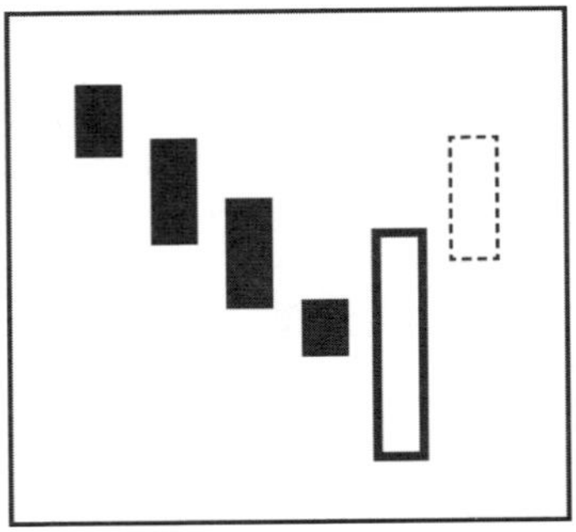

图4-46　多头吞噬1

◎买方的行动与心理状态

市场持续空头时，投资人信心不足，一路减持手中的多头仓位。突然出现的大阳线令投资人安心，同时期待市场止跌反弹。

◎状况分析与市场暗示

随着股价持续下跌，投资人的失望情绪和对股价跌不见底的不安情绪日益增强，卖单也跟着变多。在没有特别的利多消息出现的情况下，股价持续走低。

此时市场突然出现了利多消息，或是至今支配市场的利空消息被正式否定，使得股价急速反弹，收了一根大阳线。

当这种线形出现在低档区时，可理解为之前追高的投资人几乎已经清掉手上的多头仓位，而觉得大阳线出现是利多信号的新投资人会开始入场并逐渐拉高股价。

Point　线形出现在低档区时是进场买进的机会。

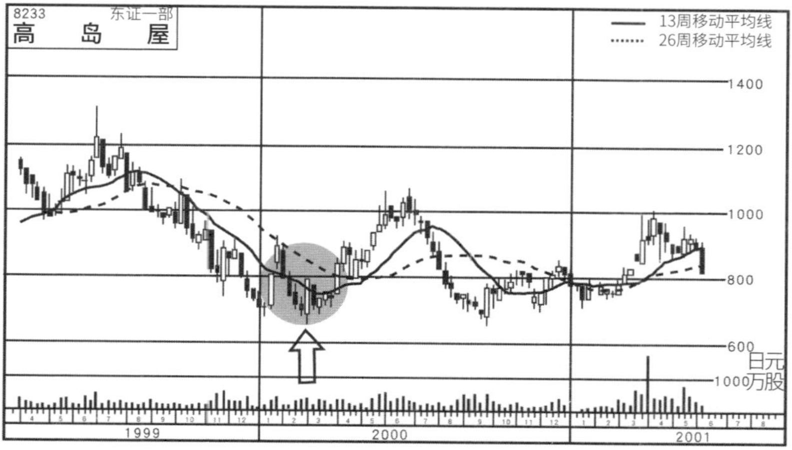

图4-47　高岛屋周K线

图4-47是高岛屋（8233）的周K线。2000年2月第4周的大阳线，吞噬了前一周的小阴线，在低档区形成“多头吞噬”（见图4-48）。这意味着股价已经触底，即将迎来一波大涨。

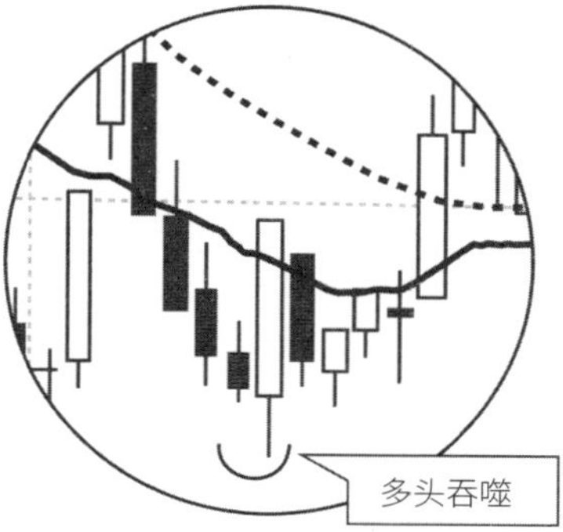

图4-48　多头吞噬2

（17）低档大阳线

◎市场环境与线形特征

在下跌行情或低档区，突然出现“光头光脚阳线”或“光脚阳线”（见图4-49）。

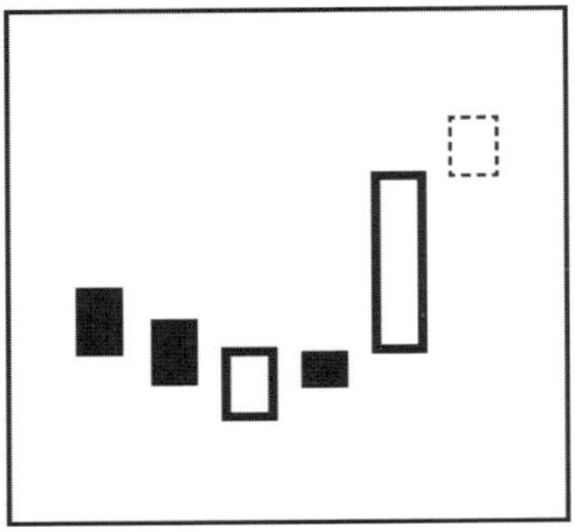

图4-49　低档大阳线1

◎买方的行动与心理状态

股价一路走跌或持续低迷，使得投资人开始信心不足，接连清空手上的仓位。没有新的买单入场，因此市场呈现疲软状态。这时突然出现一根大阳线，让投资人对股价上涨涌现强烈的期待。

◎状况分析与市场暗示

这是长期低迷的市场突然起死回生的典型线形。“光脚阳线”出现前，股价低迷的时间越长，市场中的多头仓位就会越少。

大概是缺乏交易契机[①]，这些股票通常会因为欠缺投资甜头，长时间被置之不理。然而市场很有趣，这种个股有时会因为一点消息就出现大行情。只要投资人认为这点小消息有足够的利多价值，该只股票就会瞬间崭露头角，同时逐渐受到关注。

这种情况下，随着股价上涨，买单也会持续增加，所以投资人可以期待股价今后会大涨。

① 交易契机指让投资人进场买卖的动机或消息。缺乏交易契机就代表该档股票静悄悄的，没有利多或利空消息。

Point　线形出现在低档区时是进场买进的机会。

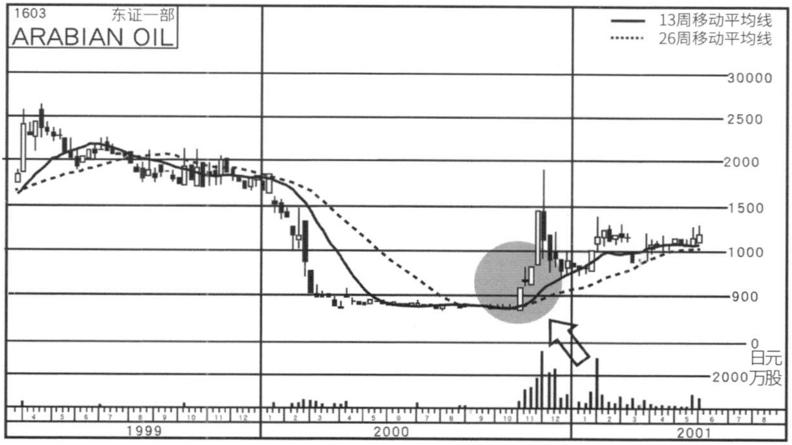

图4-50　ARABIAN OIL周K线

图4-50是ARABIAN OIL（1603）的周K线。2000年3月开始，股价沉寂了8个月，但在11月第1周出现了"光头光脚阳线"，形成"低档大阳线"（见图4-51）后，股价暴涨了一波。

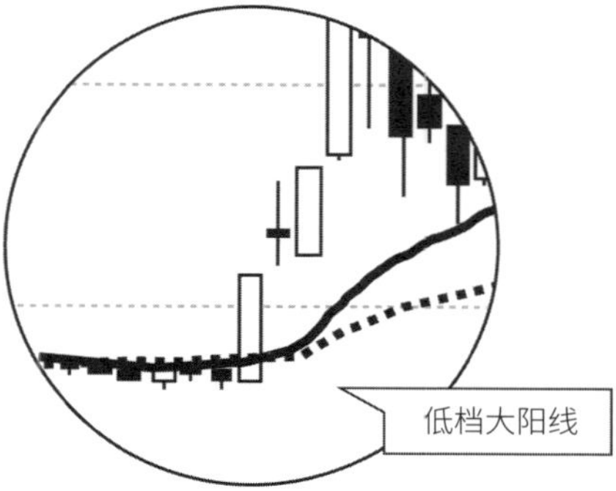

图4-51　低档大阳线2

2. 上涨行情初期的10种线形

（在半信半疑中成长）

（1）三阳开泰

◎市场环境与线形特征

股价在低档区持续盘整后，连续出现3根小阳线（见图4-52）。

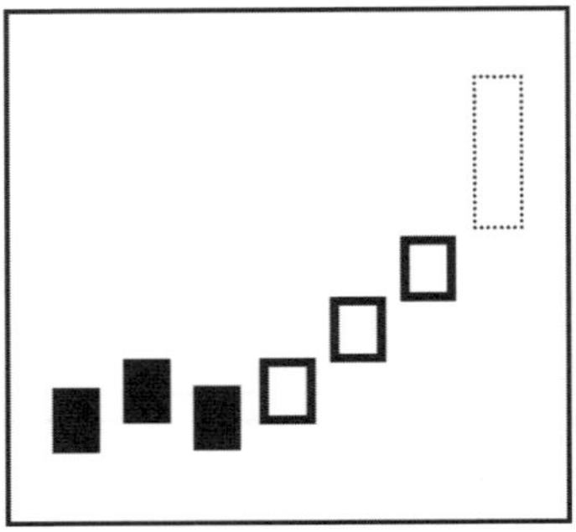

图4-52　三阳开泰1

◎买方的行动与心理状态

股价已经在低档区盘整了一阵子，所以投资人对这只股票关注度不高。这时虽然已连续出现3根阳线，但投资人仍在观望行情。

◎状况分析与市场暗示

一旦有关键的利多消息出现，这种线形就容易变成趋势盘。但有时股价也可能会突然脱离盘整区间，可能是因为股价合理，所以少数投资人试单买进，也可能是部分投资人掌握到确切的利多消息，进而买进。

大多数投资人不知道股价上涨的原因，对这波涨势是否还会持续并没有信心，迟迟不敢买进或追价，只能等股价拉回[①]，但由于市

① 拉回也称回档，指上涨行情中，股价小幅回落的状态。但日本股市也有一句谚语："越是等待回档，股价越是一去不回头。"

场的多头仓位非常少，所以股价持续上涨，没有迅速拉回。在这种情况下，应该抱着“连续涨3周一定有原因”的想法，试着买进。

Point　这是新资金入场买进的机会。

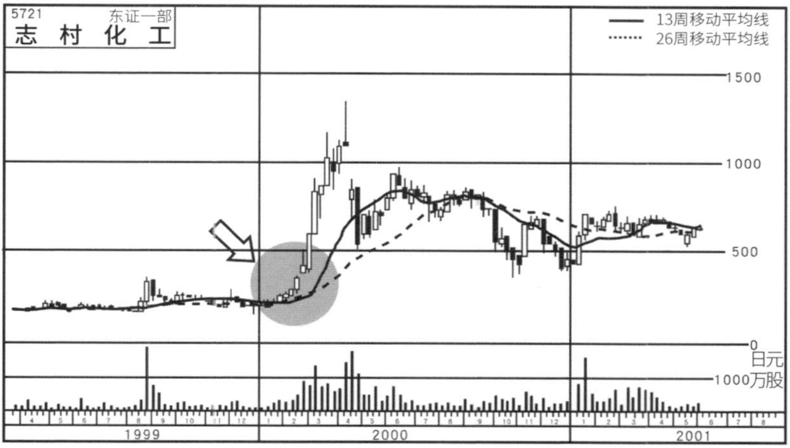

图4-53　志村化工周K线

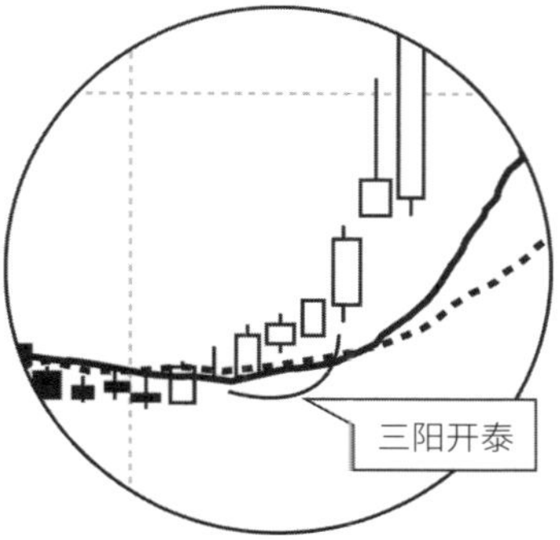

图4-54　三阳开泰2

图4-53是志村化工（5721）的周K线。股价长时间低迷，但从2000年1月最后一周开始，连续出现3根小阳线，形成“三阳开泰”（见图4-54），之后股价暴涨。

（2）低档连五阳

◎市场环境与线形特征

下跌行情持续一段时间后，连续出现5根阳线（见图4-55）。

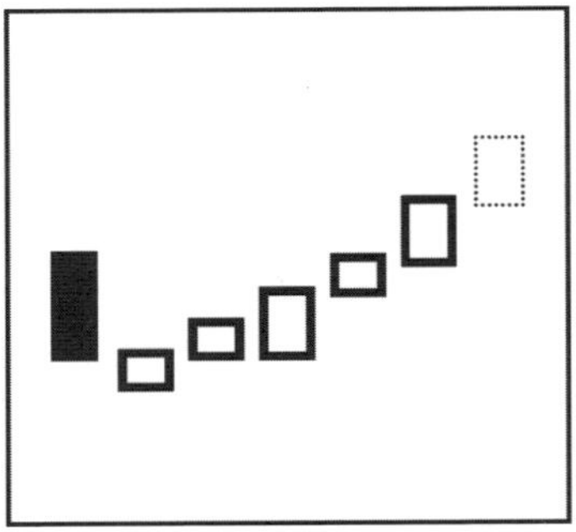

图4-55　低档连五阳1

◎买方的行动与心理状态

股价长期低迷，所以投资人对这只股票的关注度很低。这时连续出现5根阳线，就会吸引嗅觉敏锐的投资人注意。但多数投资人无法判断涨势是否会持续，容易错失良机。

◎状况分析与市场暗示

基本的思维同“三阳开泰”。股价长期低迷，可推测投资人手上的多单大多被清空了。另外，又因找不到特别的利多消息，所以在低迷期间该只股票未受投资人关注，成交量也相当清淡。

这时突然开始连续收阳线，但因为该只股票未受关注，所以投资人难以注意到，等听到利多消息时，股价已经远高于连续阳线前的水平。

多数投资人会想等股价拉回到合理价位时再进场，但如同“越是等待回档，股价越是一去不回头”这句股市谚语所言，股价只会一路上涨。如果被媒体大篇幅报道，股价还有可能暴涨。

股价突破低档区的盘整区间时，如果有投资人进场“试水温”，之后也会比较容易追涨。

Point　这是新资金入场买进的机会。

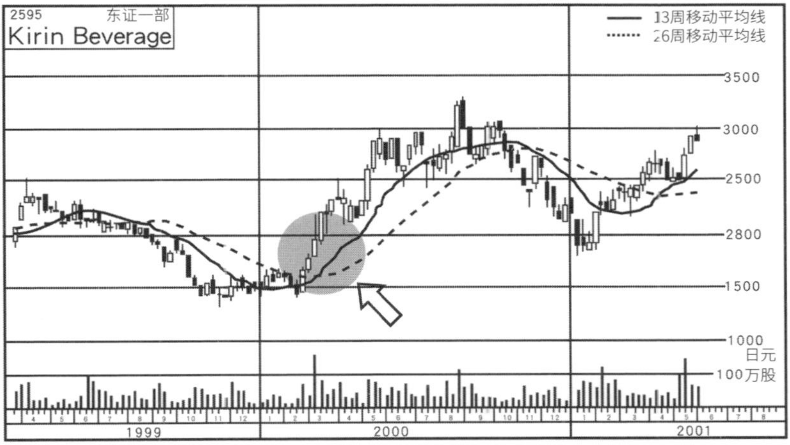

图4-56　Kirin Beverage 周K线

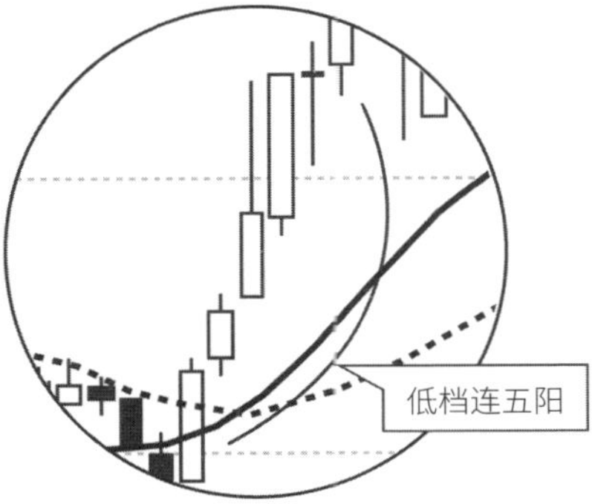

图4-57　低档连五阳2

图4-56是Kirin Beverage（2595）的周K线。2000年2月第4周开始连续收阳线，形成“低档连五阳”（见图4-57）。长期低迷的股价开始大幅上涨。

（3）变形上升三法

◎市场环境与线形特征

上涨行情初期，股价突然跳空开高，但最后收阴线，后面又接了2根阴线成为“连续线”[①]，然后隔周开盘价高于前一周的收盘价，最后收阳线（见图4-58）。

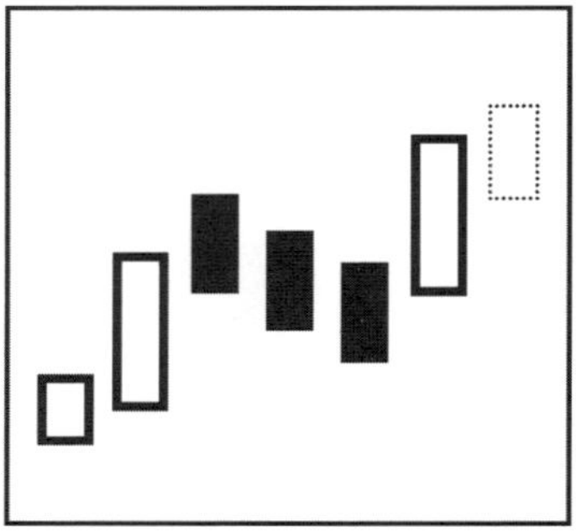

图4-58　变形上升三法1

◎买方的行动与心理状态

至今看涨情绪较多，于是不断有人买进，但连续出现3根阴线，让部分投资人惊慌失措，卖出持股。但第4周股价再次大幅上涨，让投资人更加期待之后的股价涨势。

◎状况分析与市场暗示

上涨过程中连续出现3根阴线，可解释为这是早期买进布局的部分投资人套现所造成的。

大多数投资人在股价上涨初期会对未来涨势半信半疑，等到趋势确立后才会真正参与，所以买进价格会离低点有段距离。如果刚买进就接连3周遇到阴线，会开始担心自己可能追高了，然后慌忙卖出持股。

遇到这种线形绝对不要着急。上涨的初期阶段，因为停利卖单而涨势小幅趋缓的股价位置，可说是绝佳的拉回买点，通常不用多

① 连续线指开盘价在前一周（前日、前月）K棒的实体范围内，暗示目前的趋势会持续。

久股价就会止跌转涨，突破近期高点。当股价超过第1根阴线的高点，就会顺势涨一波。

从技术分析上来看，第4周的开盘价高于前一周阴线的开盘价，大概率就是进场买进的好时机。

Point　这是新资金入场或加码的时机。

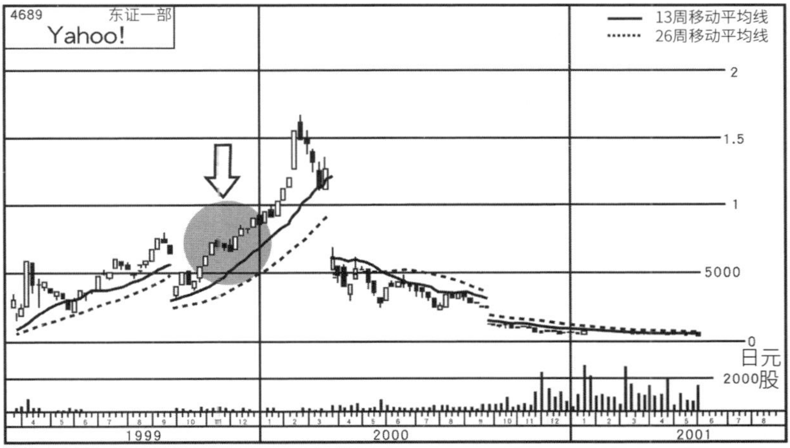

图4-59　Yahoo！周K线

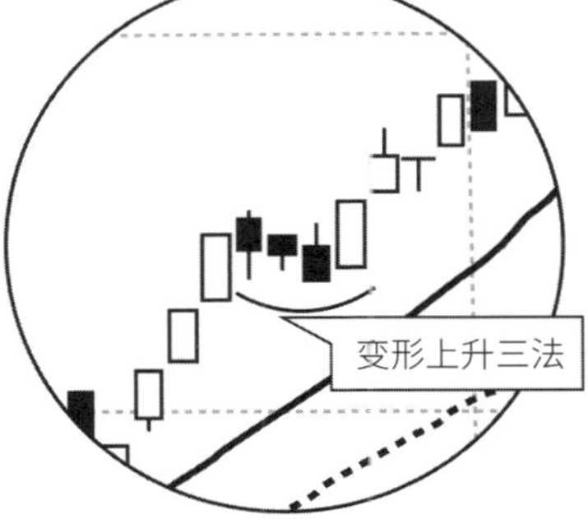

图4-60　变形上升三法2

图4-59是Yahoo！（4689）的周K线。1999年11月第3周到12月第2周，出现了“变形上升三法”（见图4-60），股价在那之后顺势上涨。

（4）多头战车

◎市场环境与线形特征

上涨行情中，股价向上跳空后收阴线，隔周开盘向下跳空，结束却反弹收阳线，一口气回到前一周阴线的实体范围内（见图4–61）。

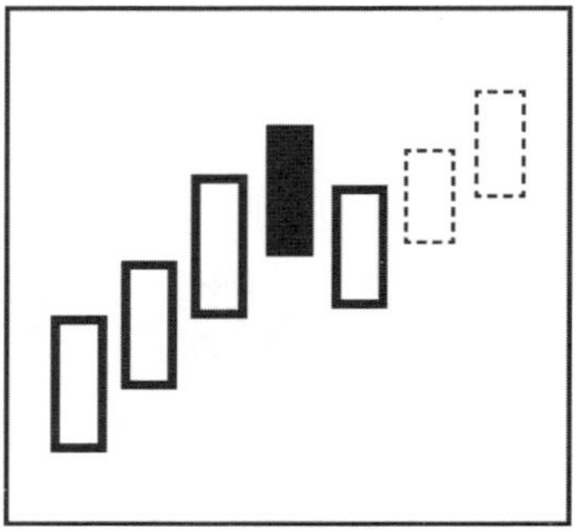

图4–61　多头战车1

◎买方的行动与心理状态

投资人对突然出现的阴线感到迷惑，但股价立刻反弹，让投资人开始放心，增强了其对上涨的期望，继续涌入买单。

◎状况分析与市场暗示

推测是出现了让投资人不安的谣言或风声，所以出现停利卖单，暂时压低[①]股价，形成了阴线。

出现阴线的隔周开盘时，市价卖单量依旧大，所以向下跳空，之后因为谣言或风声被正式否定，投资人再次放心，从而加码或有新资金入场，再次推高了股价。

刚开始上涨的股价，会因为大多数投资人对今后的上涨趋势没有把握，所以出现一点利空消息就会让涨势趋缓。但趋缓之后（部分投资人停利出场），市场就不会有太多卖单，所以只要转涨，就会有一波涨幅。

① 压低指上涨过程中出现了大量卖压，使得股价下跌。

Point 这是新资金入场或加码的机会，先前停利的投资人也可考虑买回。

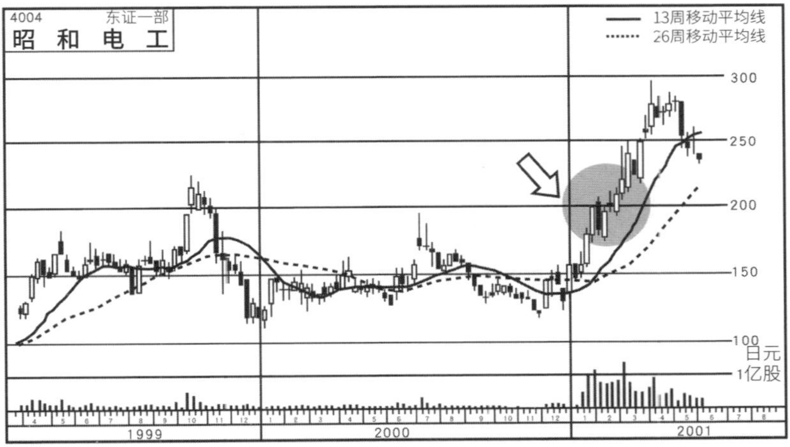

图4-62　昭和电工周K线

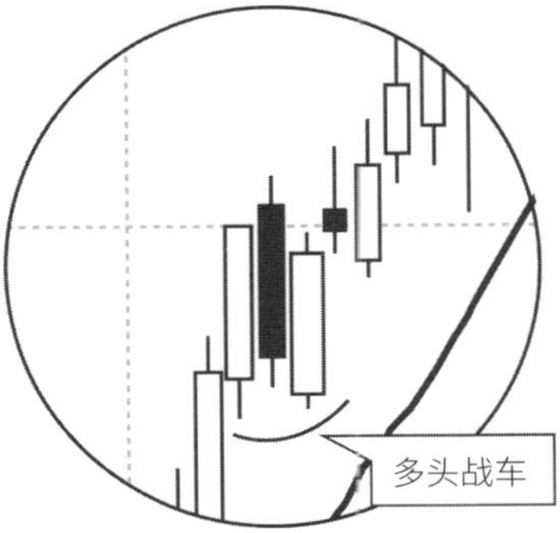

图4-63　多头战车2

图4-62是昭和电工（4004）的周K线。2001年2月第1周收了一根大阴线，跌回前一周的大阳线内，但隔周再次收大阳线，出现了“多头战车”（见图4-63），之后股价加速上涨。

（5）上升三法

◎市场环境与线形特征

上涨行情的初期，出现大阳线后连续收3根阴线，接着又再次出现大阳线，一口反前打三，吃掉3根阴线[①]（见图4-64）。

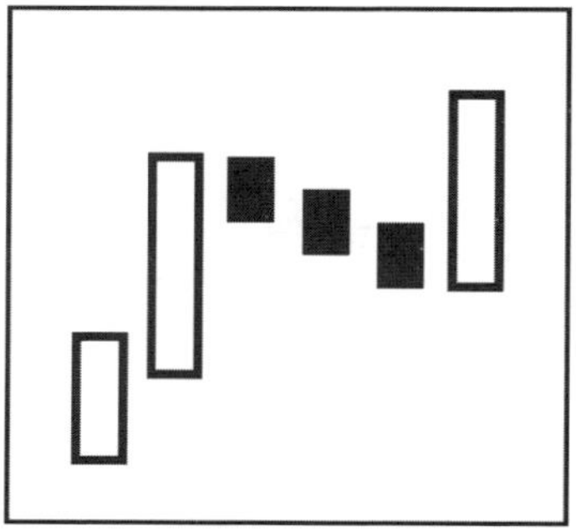

图4-64　上升三法1

◎买方的行动与心理状态

出现大阳线之后却连续收阴线，这让投资人感到失望，所以部分投资人开始停利。这时又突然出现一根大阳线，再次让投资人充满信心，开始积极买进。

◎状况分析与市场暗示

开始缓慢上涨的市场趋势中，出现了投资人引颈期盼的强大利多消息，所以才会出现第1根大阳线。新买进的投资人很多，而早已进场布局的部分投资人，会立刻卖出落袋为安，因而形成第1根阴线。之后如果上档的卖压还是很重，股价就会盘整并缓慢下跌。

这里应该注意的是，第3根阴线的收盘价不能低于第1根阳线的最低价（就算低于也只能一点点）。换句话说，如果股价没有跌破利多消息推动上涨后的最低价，则代表利多足以推动股价，拉回时会出现强大的买压。停利卖单出尽后，市场会倾向供不应求，等到追价的人变多，股价又会被大幅推动上升，这时就会出现大阳线。

① 但3根阴线的收盘价不能低于第1根阳线的最低价（就算低于也只能一点点），而第2根大阳线的收盘价要高过第1根阴线的开盘价。

而第3根阴线向上未能突破第1根阴线的开盘价，代表高档区的卖单消耗完毕后，买压依旧未减。

Point　3根阴线后出现大阳线时，就是新资金入场或加码的机会。

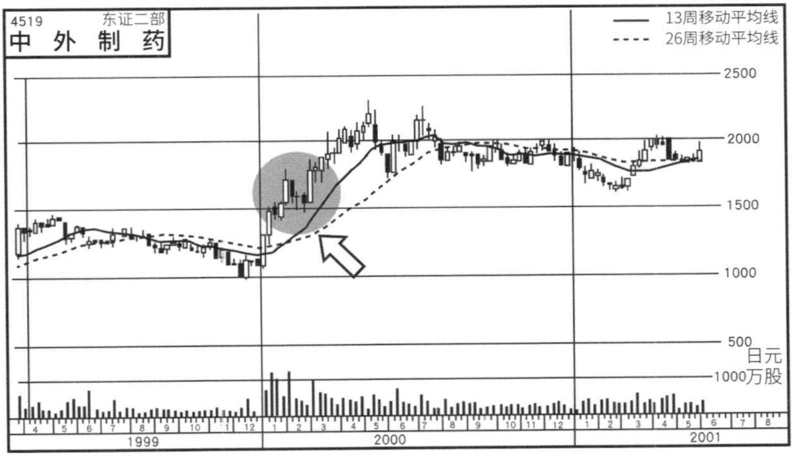

图4-65　中外制药周K线

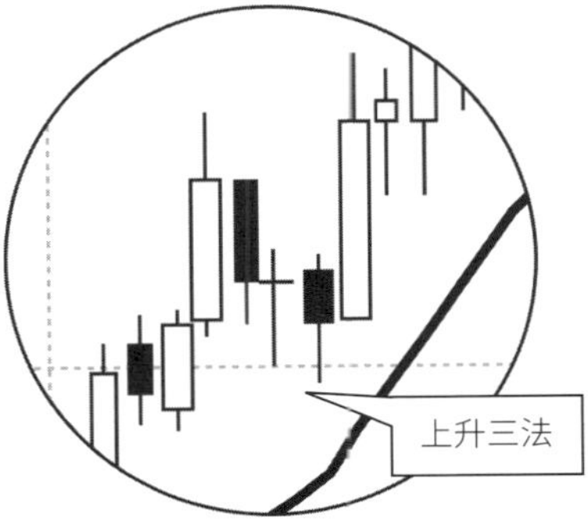

图4-66　上升三法2

图4-65是中外制药（4519）的周K线。2000年2月第1周出现大阳线，之后连出了3根小阴线，但3月第1周再次出现大阳线，形成“上升三法”（见图4-66），股价也持续走高。

（6）超越覆盖线

◎市场环境与线形特征

覆盖线是指在出现一根比较长的阳线隔周，向上跳空开高却跌回阳线实体范围内的阴线。超越覆盖线是指出现在上涨行情初期的覆盖线后续被阳线向上突破（见图4-67）。

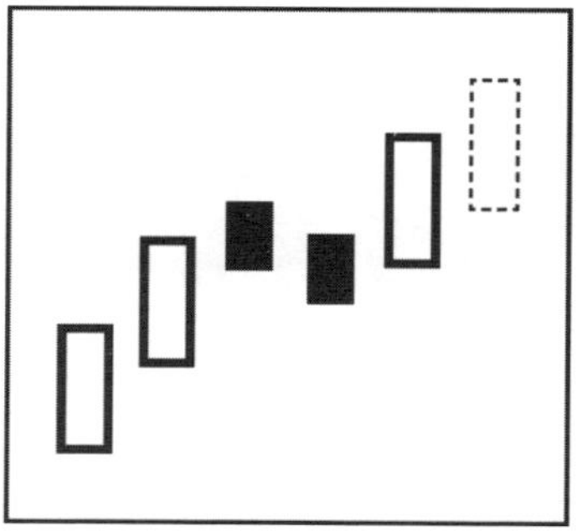

图4-67　超越覆盖线1

◎买方的行动与心理状态

出现覆盖线后，时间越长，投资人的失望情绪就越强，但后续会出现高点，让投资人重拾信心，买单也会持续涌入。

◎状况分析与市场暗示

上涨行情的初期，因为停利卖单，使得股价暂时反杀，并盘整了一段时间，但拉回买进的买压之后逐渐强势，股价产生了反弹。

但覆盖线如果出现在上涨行情持续一阵子的高档区，就会变成转空的前兆，所以要注意其出现的位置。

不过在上涨初期，市场的多头仓位相对较少，股价拉回时想买进的投资人也很多。如果没有特别可信的利空消息，股价不会大幅崩盘。出现近期高点会增强投资人的信心，后续也会吸引许多买单进场。

Point　对已入场的投资人来说是加码的机会。

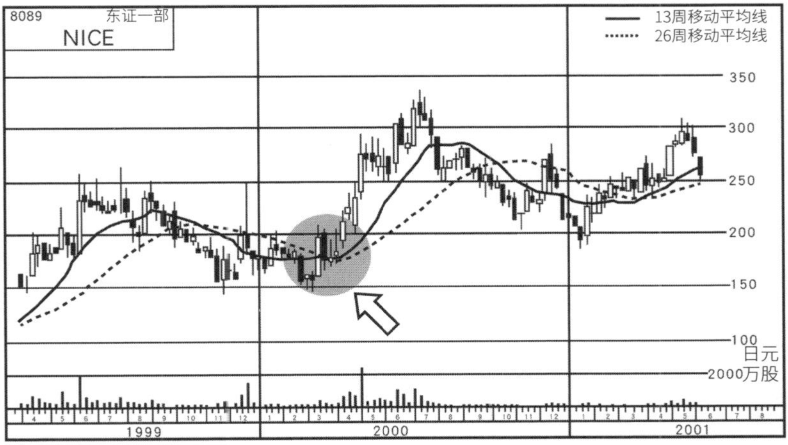

图4-68　NICE周K线

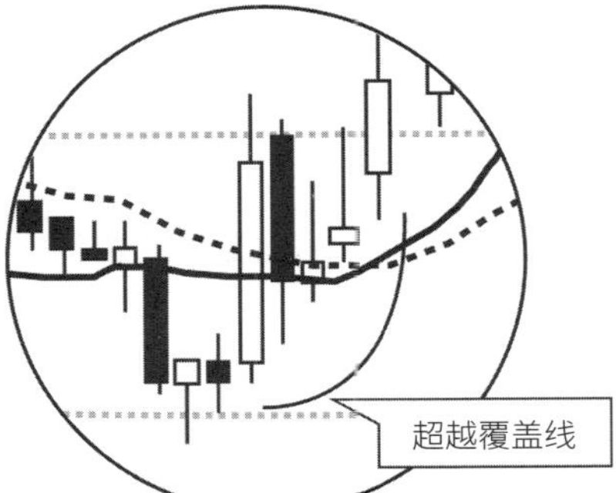

图4-69　超越覆盖线2

图4-68是NICE（8089）的周K线。2000年3月第2周的大阳线隔周，出现了开高走低的覆盖线，但4月第1周出现了超越覆盖线（见图4-69），市场开始上涨。

（7）上涨插入线

◎市场环境与线形特征

插入线是指上涨行情中，接续在阳线后方并开在阳线实体范围内，最后收阴线的线形①。上涨行情中的连续阳线遇到插入线，就称为“上涨插入线”（见图4–70）。

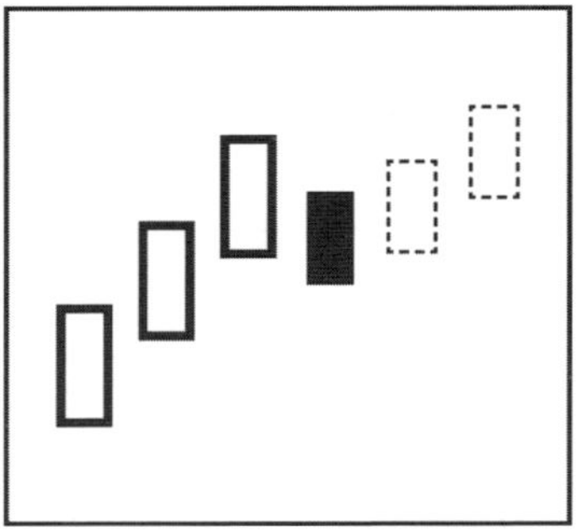

图4–70　上涨插入线1

◎买方的行动与心理状态

插入线出现后涨势放缓，是部分投资人停利卖出所造成的。跌势如果在之后停止，投资人对股价上涨的期待就能维持。

◎状况分析与市场暗示

插入线通常会加速市场趋势，特别是在上涨初期，从供需平衡来看，市场可说是需求大于供给，但期待大涨的投资人并不多，所以会有一些停利卖单。

有些投资人会想拉回买进，趁机出手，所以市场上多数的投资人持有成本（买进价格）都比较低，股价的起伏也不大，比较稳定。

同时，之前没买进的投资人也想趁这波拉回买进，但这时的股价通常不会跌到自己的目标价位，最后这些投资人会追价买进，再次推升股价。

① 插入线为一阳一阴的组合。前阴后阳时，后面的阳线会开在阴线内，并收在阴线的最高价以上；前阳后阴时，后面的阴线会开在阳线内，并收在阳线的最低价以下。

Point 出现插入线的隔周时，对已入场的投资人来说是加码的机会。

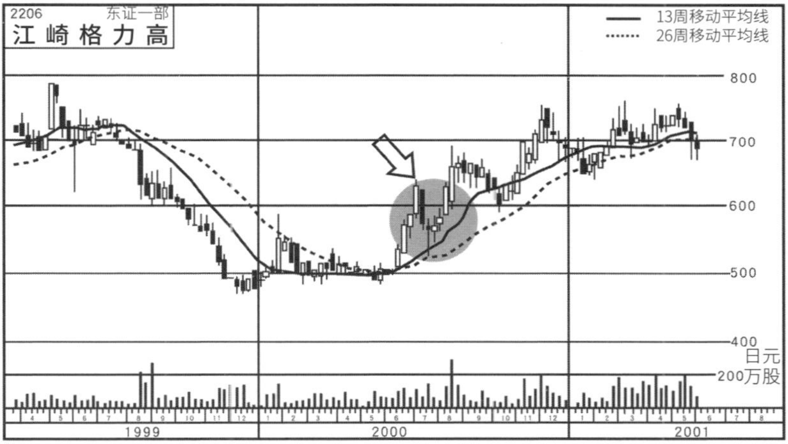

图4-71 江崎格力高周K线

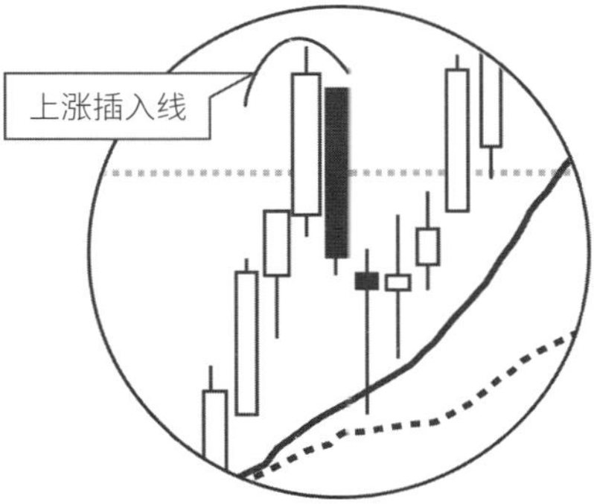

图4-72 上涨插入线2

图4-71是江崎格力高（2206）的周K线。2000年7月第2周，连续阳线遇到插入线，形成上涨插入线（见图4-72）。股价在那之后盘整了几周，但最终形成一个巨大的上涨趋势。

（8）上肩带缺口

◎市场环境与线形特征

上涨行情初期，向上跳空的阳线隔周出现“插入线”[①]（见图4-73）。

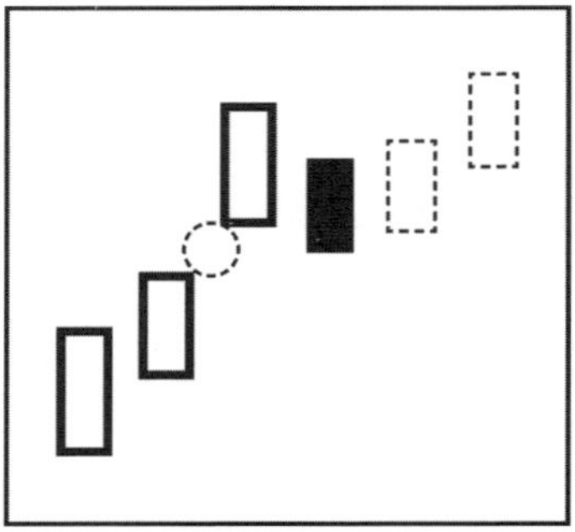

图4-73　上肩带缺口1

◎买方的行动与心理状态

跳空开高后的阳线，会提高投资人对上涨的期待。但隔周走跌的股价，稍微降低了投资人的期待。不过最后仅小幅下跌，让投资人感到安心。

◎状况分析与市场暗示

因为出现了让投资人兴奋的利多消息，所以收了一根跳空开高的阳线。隔周的插入线是部分投资人停利出场造成的。停利卖压出尽后，股价开始慢慢上涨，许多投资人在等股价拉回再进场，所以等股价跌回缺口附近后，买单就会积极涌入。

在上涨的初期阶段，插入线的出现，可以说是强化了行情的趋势。

① 不一定要有缺口，只要形成跳空就成立。

Point　出现插入线的隔周时，对已入场的投资人来说是加码的机会。

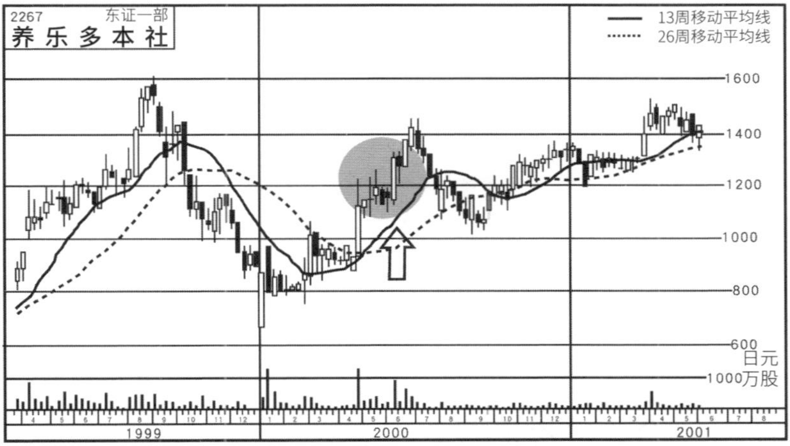

图4-74　养乐多本社周K线

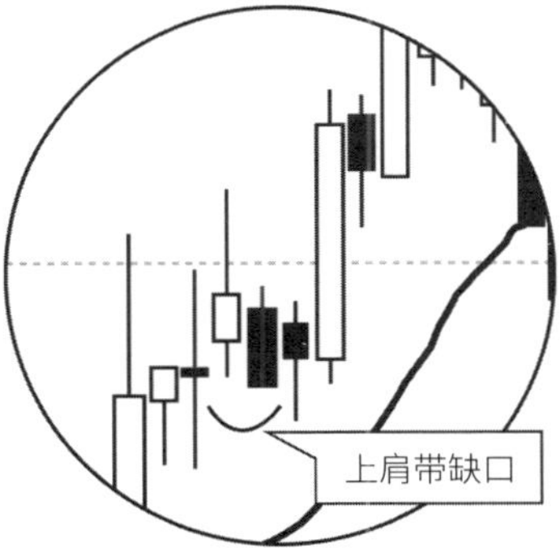

图4-75　上肩带缺口2

图4-74是养乐多本社（2267）的周K线。2000年5月出现“上肩带缺口”（见图4-75）后，股价又涨了一波。虽然后续一路反杀到9月，但最后还是形成很强的上涨趋势。

（9）上涨途中十字星

◎市场环境与线形特征

上涨行情初期，大阳线后收了十字线[①]（见图4-76）。

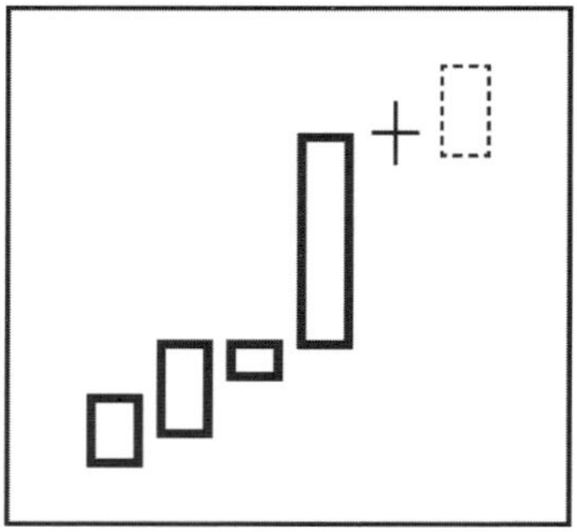

图4-76　上涨途中十字星1

◎买方的行动与心理状态

大阳线的出现增强了投资人看涨的信心。期待进一步上涨而买进的投资人，与想要卖出落袋为安的投资人多空交战，最后收了十字线。

◎状况分析与市场暗示

一方面，股价的涨幅超出预期，有些投资人想卖出落袋为安，因此市场上会增加一些停利卖单。另一方面，至今在场外观望（未持有该个股）的投资人怕错过这波涨势，会跟着买进。

推测是这两种不同的看法引发多空交战，使得供需维持平衡而收了十字线。这种情况下，当停利卖单出尽后，买势依旧未减时，十字线的隔周也会再次收阳线。受到“一星二阳”线形的鼓舞，会有更多人买进，进一步推动股价上涨。

① 除了十字线，还可能收纺锤线。

Point　十字线的隔周若收阳线，就是加码的机会。

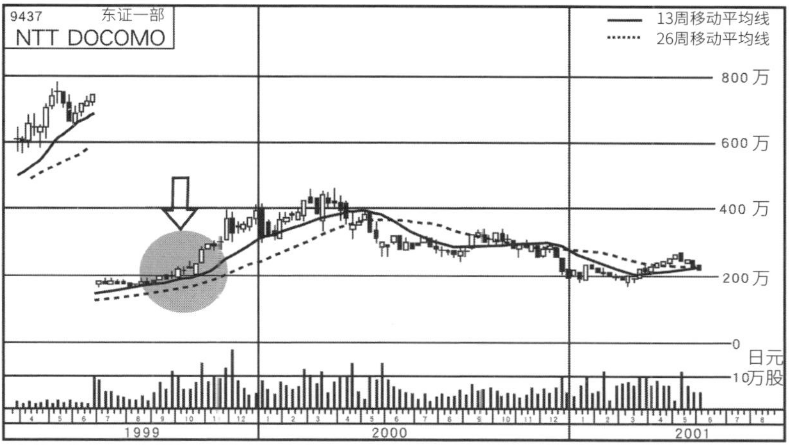

图4-77　NTT DOCOMO周K线

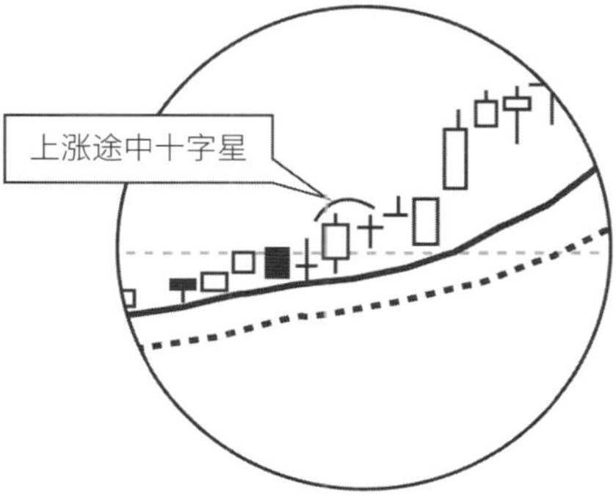

图4-78　上涨途中十字星2

图4-77是NTT DOCOMO（9437）的周K线。1999年10月第1周收阳线后，隔周出现了十字线，形成了“上涨途中十字星”（见图4-78），股价在那之后大涨了一波。

（10）上涨三颗星

◎市场环境与线形特征

三颗星是指市场的趋势暂缓，然后连续出现3根小阳线或小阴线的状态。三颗星出现在股价上涨途中就是“上涨三颗星”（见图4-79）。

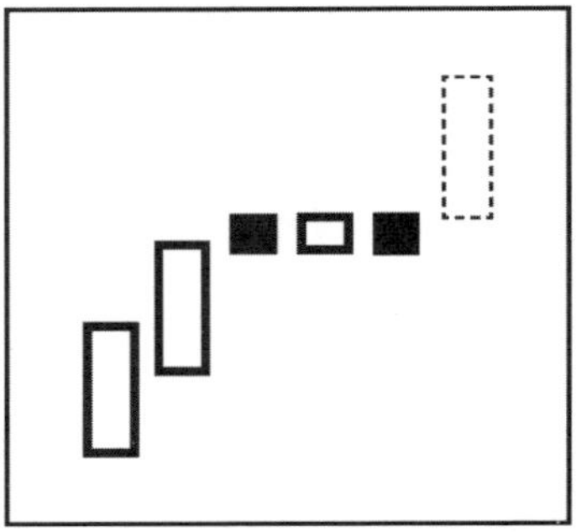

图4-79　上涨三颗星1

◎买方的行动与心理状态

上涨行情休止，投资人对股价进一步上涨的期待稍微降低，部分投资人会选择落袋为安。

◎状况分析与市场暗示

投资人的买压很强。如果没有再出现特别的利多消息，投资人会难以预测股价未来的涨势，所以市场上出现了“见好就收”的停利卖单。

此外，投机客也会在这个节骨眼尝试做空，所以在上涨行情初期，上档卖压有时会比预期沉重①。

但在这种状况下如果出现利多消息，投资人又会进场买入，使得投机客不得不回补空单，因此股价会向上突破盘整区间，并加速上涨。

① 上档卖压重是指在上涨趋势中，股价却无法突破某个价位的状况。

Point　在盘整区间内，以新高价收盘时，就是加码买进的机会。

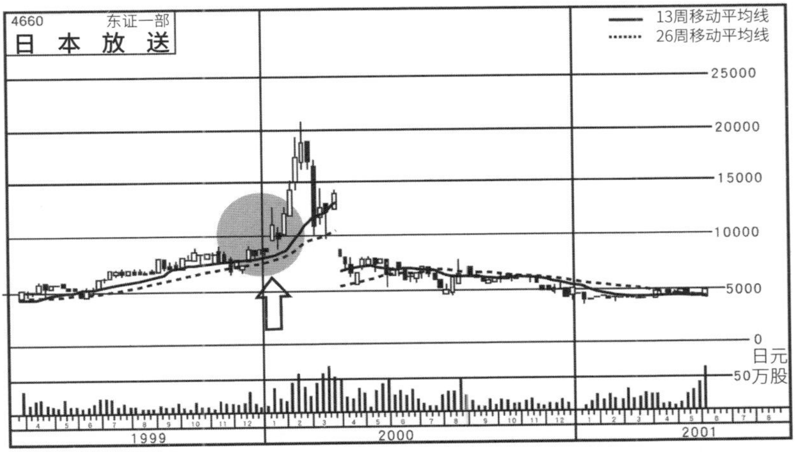

图4-80　日本放送周K线

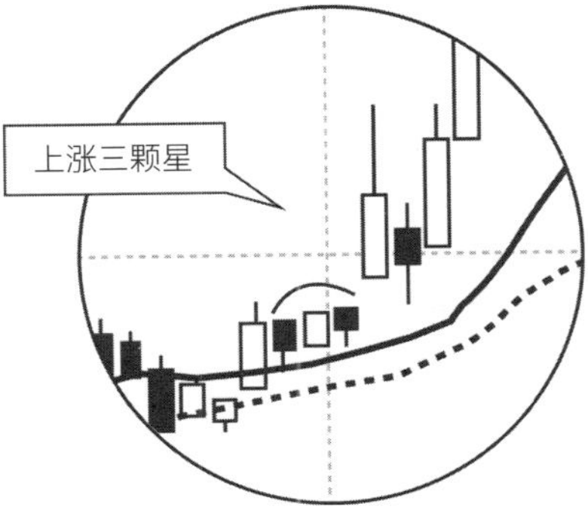

图4-81　上涨三颗星2

图4-80是日本放送（4660）的周K线。1999年12月到2000年1月出现了“上涨三颗星”（见图4-81）。向上突破盘整区间后，股价急速上涨。

3. 上涨行情成熟期的4种线形
（在憧憬中成熟）

（1）向上跳空并列阳线

◎市场环境与线形特征

股价缓慢上涨过程中，突然跳空开高，并连续2周收了同规模的阳线（见图4-82）。

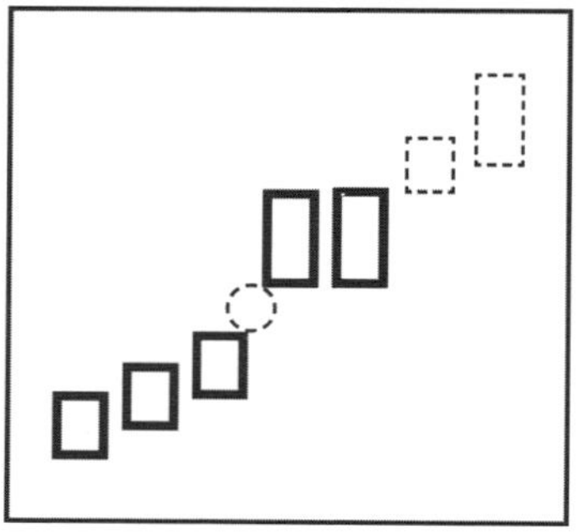

图4-82　向上跳空并列阳线1

◎买方的行动与心理状态

股价跳空开高后连续2周收阳线，会让投资人保持对股价上涨的强烈期待。市场上开始有更多的新买单。

◎状况分析与市场暗示

股价自低档区上涨后，市场上出现了利多消息，让股价再次攀高。开盘后，买单涌入市场。跳空后的第2根阳线的开盘价低于上周的收盘价，是因为有部分停利卖单。但值得注意的是，它的收盘价回到与上周相近的价位。

这代表股价拉回时有很强的买压。因为投资人开始对这只股票今后的行情感到乐观，逐渐有新的投资人进场，每单位时间的股价涨幅也会逐渐扩大。

此外，如果“向上跳空并列阳线”隔周的开盘价高于前一周的收盘价，该线形就会成为大涨的前兆。

Point　这是新资金入场或加码的机会。

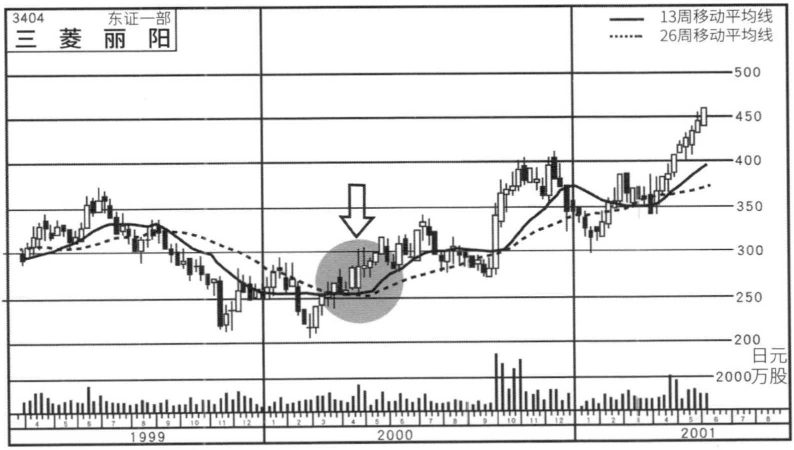

图4-83　三菱丽阳周K线

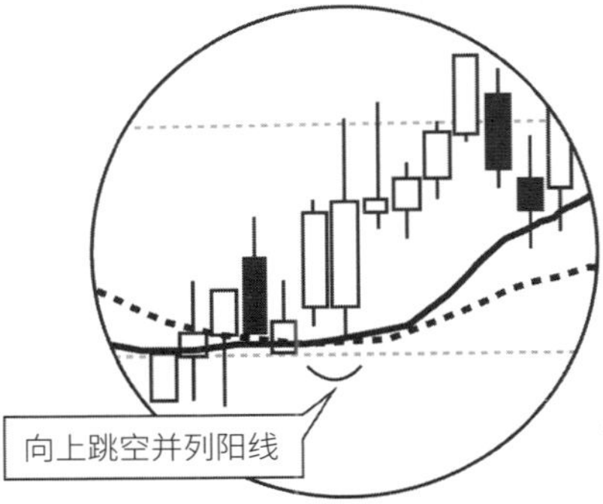

图4-84　向上跳空并列阳线2

图4-83是三菱丽阳（3404）的周K线。2000年4月第2周和第3周，出现同样规模的2根阳线，形成“向上跳空并列阳线”（见图4-84），之后股价持续上涨。

（2）向上跳空收阴二连续

◎市场环境与线形特征

在上涨行情中，“向上跳空收阴”的情况隔几周再次出现（见图4-85）。

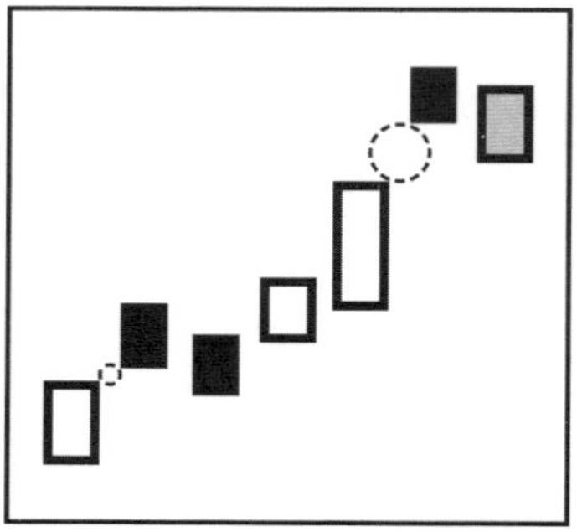

图4-85　向上跳空收阴二连续1

◎买方的行动与心理状态

跳空开高后收阴线，会让投资人感到失望。但看到股价再次反弹，投资人又会期待股价今后的涨势，市场内又陆续出现买单。间隔数周后再次出现“向上跳空收阴”，部分投资人会开始注意股价是否过高。

◎状况分析与市场暗示

部分投资人选择落袋为安，于是形成了第一次“向上跳空收阴”，但大多数投资人会觉得这是绝佳的拉回买进点，市场从而涌现新的买单，股价也逐渐反转上涨。看到股价反弹，更多的投资人进场买单，使得股价进一步上涨。

但第2次跳空后股价又收了阴线，大多数投资人会失望，并开始注意股价是否过高。另外，认为行情依然是多头的投资人不会停利，反而会进场买进或加码，但市场的供需平衡会逐渐倾向供过于求，除非出现特别的利多消息支撑，否则股价涨势会暂时停滞。

Point **第1次“向上跳空收阴”的隔周，是拉回买进的机会。第2次“向上跳空收阴”出现后，暂时清空仓位出场为佳。**

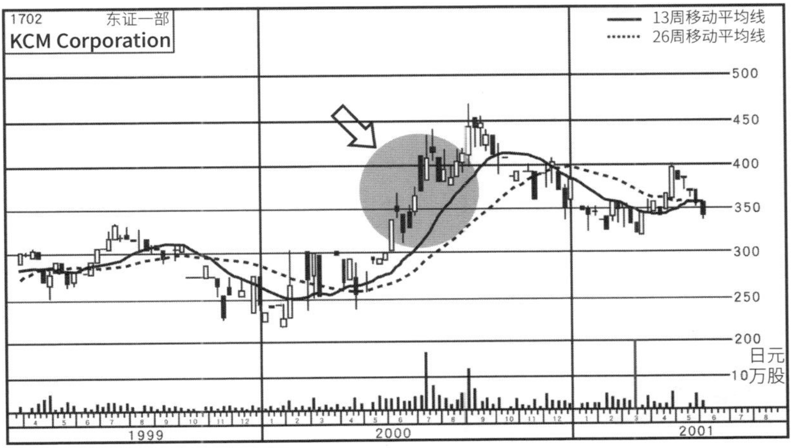

图4-86　KCM Corporation周K线

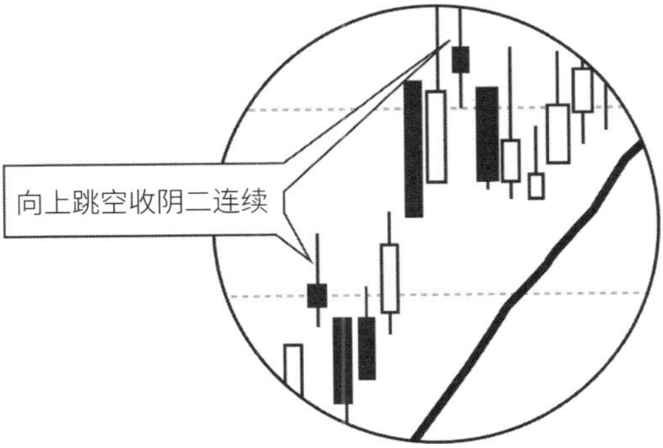

图4-87　向上跳空收阴二连续2

图4-86是KCM Corporation（1702）的周K线。2000年6月第2周和第3周，形成第1次“向上跳空收阴”后，股价持续上涨。第2次“向上跳空收阴”是在7月的第3周和第4周，连同第1次形成了“向上跳空收阴二连续”（见图4-87）。

第2次出现“向上跳空收阴”后，股价盘整了好几周，在9月上旬创新高，但这个新高也成了头部。

（3）高档连续大阳线

◎市场环境与线形特征

股价持续涨了相当长的一段时间，连续出现大阳线（见图4-88）。

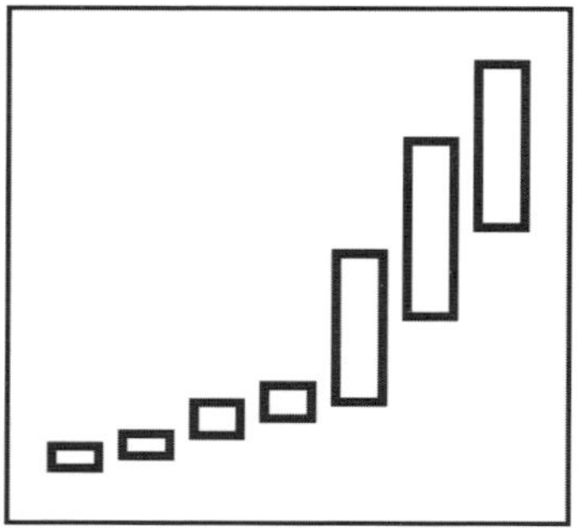

图4-88　高档连续大阳线1

◎买方的行动与心理状态

投资人很欢迎连续出现的大阳线，对此抱有强烈的看涨期待，同时积极进场买单。

◎状况分析与市场暗示

股价会因为买单增加而不断上涨。多数投资人对股价的前景都非常乐观，不会思考该在哪里停利，而是思考该在哪里加码。

股价急速上涨，会使得投资人的未平仓多单急速增加。这只股票可以说有点过热了，因此如果连续出现5根大阳线，要留意反杀。

Point　从第3根大阳线开始，逐渐停利是常规操作。

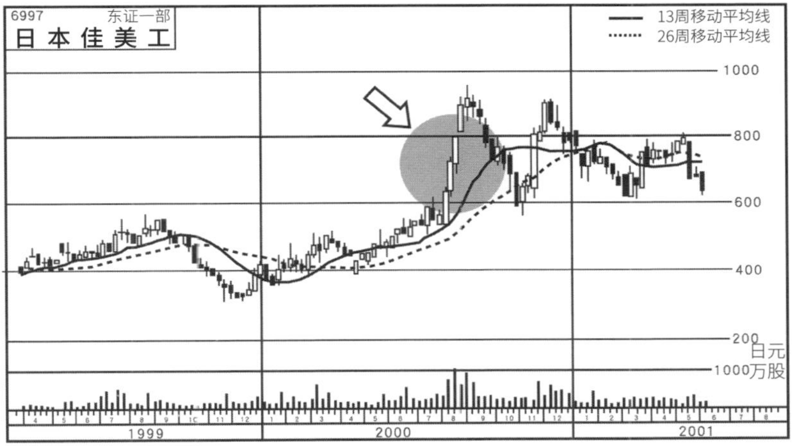

图4-89　日本佳美工周K线

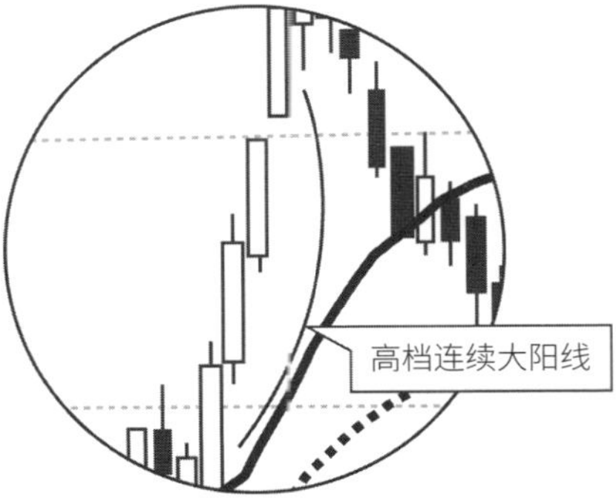

图4-90　高档连续大阳线2

图4-89是日本佳美工（6997）的周K线。从1999年12月开始，股价持续缓慢上涨，到了2000年8月突然急涨。从2000年8月第1周到第4周连续收大阳线，出现“高档连续大阳线”（见图4-90），但涨势也就到此为止，卖单出笼压价后，股价开始大跌。

（4）浪高线

◎市场环境与线形特征

在上涨行情中出现长上影线纺锤线，且该纺锤线抱住了隔周K线（见图4-91）。

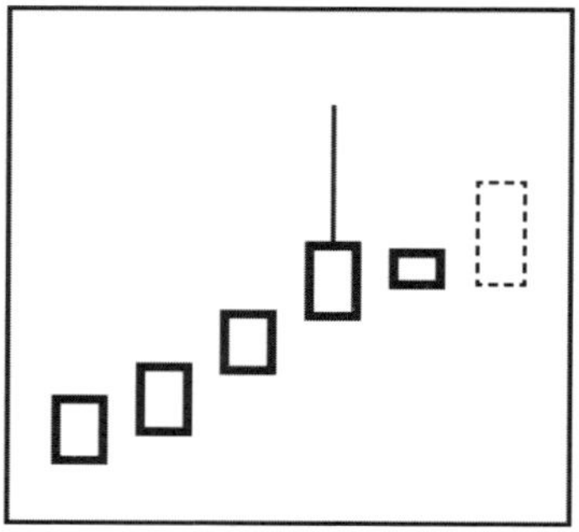

图4-91　浪高线1

◎买方的行动与心理状态

上涨行情在持续时，投资人会对未来股价保持乐观。这时出现长上影线纺锤线，大家会更关注最高价，而不是从最高价大幅下跌收盘的影线长度。

◎状况分析与市场暗示

如果在最高价收盘就会变成大阳线，但却收了长上影线纺锤线，可推测是在上涨行情中，突然出现包含谣言或风声的利空消息，使得许多投资人同时停利出场，股价也大幅滑落。而隔周的小K棒，代表投资人在辨别利空消息的真伪而暂缓交易。因为投资人在观望，所以股价涨幅变小。

当发现利空消息只是谣言时，投资人可能会买回脱手的股票或有新投资人入场买进，使得股价急速攀升。如果股价能突破上影线的最高价，就能期待它会有更强劲的涨势。

但要注意一点，利空消息虽然被否定，但可看出市场存在着隐忧。只要出现一点包含谣言或风声的利空消息，市场很容易就立刻崩盘。

Point　突破上影线可说是加码的机会，但请留意市场是否过热。

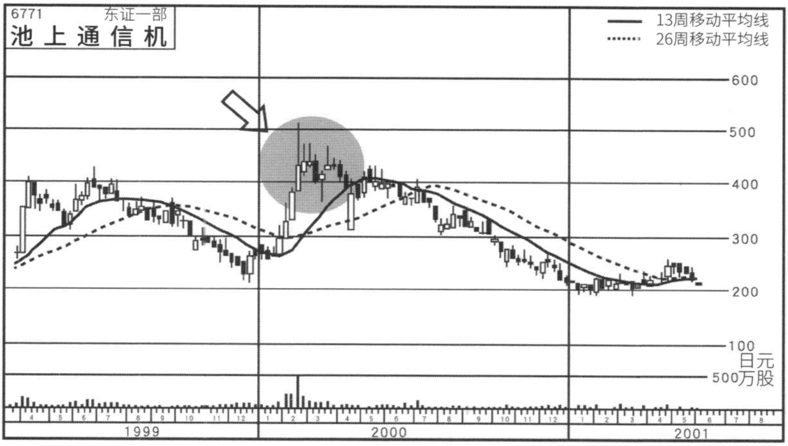

图4-92　池上通信机周K线

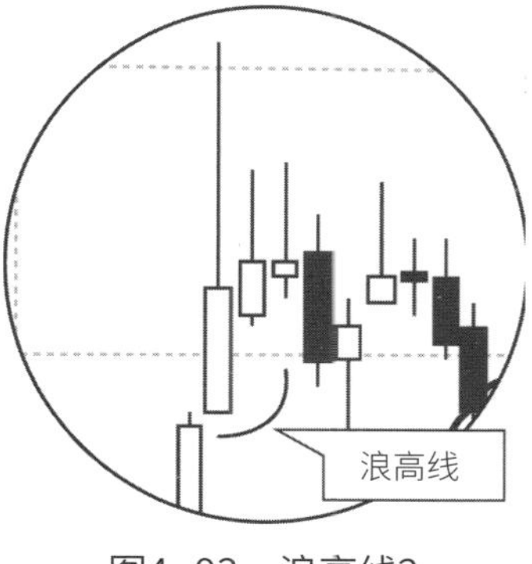

图4-93　浪高线2

图4-92是池上通信机（6771）的周K线。2000年2月第3周出现一根很长的上影线，第4周出现“小上影阳线”，抱住了隔周实体极短的“小长上影线纺锤线”，形成“浪高线”（见图4-93）。后来出现大阴线，涨势休止，接着股价转跌。

4. 暗示触顶的14种线形
（在充满希望中毁灭）

（1）三连跳空阳线

◎市场环境与线形特征

在上涨行情中，出现远超投资人预期的利多消息，连续出现了4根阳线，且各阳线之间都有缺口（见图4-94）。

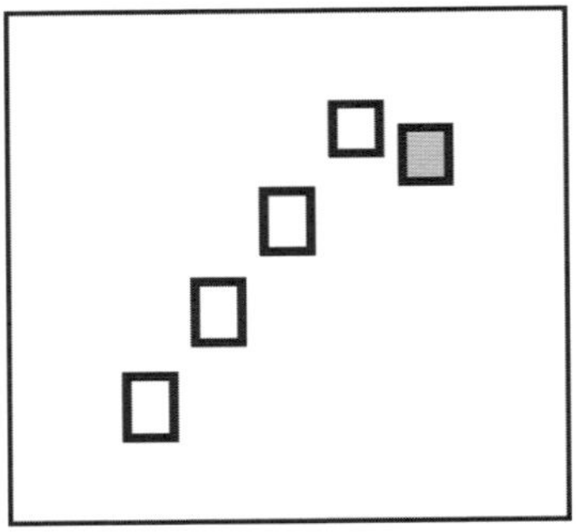

图4-94　三连跳空阳线1

◎买方的行动与心理状态

市场呈现大多头，开盘就涌进投资人的市价买单。众人皆对股价会再创高点坚信不疑。

◎状况分析与市场暗示

市场相当热闹，买单大量涌进，也吸引媒体进行大篇幅报道。投资人被“现在不买就再也没机会了”等想法驱使，争相下单买进。另外，原本以为市场要崩盘而下了大量空单的投机客，会因为承受不了标借费用[①]或避免损失扩大，而被迫买回。在大量空单回

① 标借费用指在股票保证金交易中，融券余额大于融资余额而出现券源不足的情况时，借券方必须向出借方支付的费用。

补的推波助澜下，产生了“三连跳空阳线”。

因此，市场内累积了大量的多头仓位，再加上股价在短时间内暴涨而大幅背离基本面，市场整体处于容易因某种契机而崩盘的状态。

Point　技术分析上，出现第2个缺口就不要再买进，确认出现第3个缺口后就应该停利。

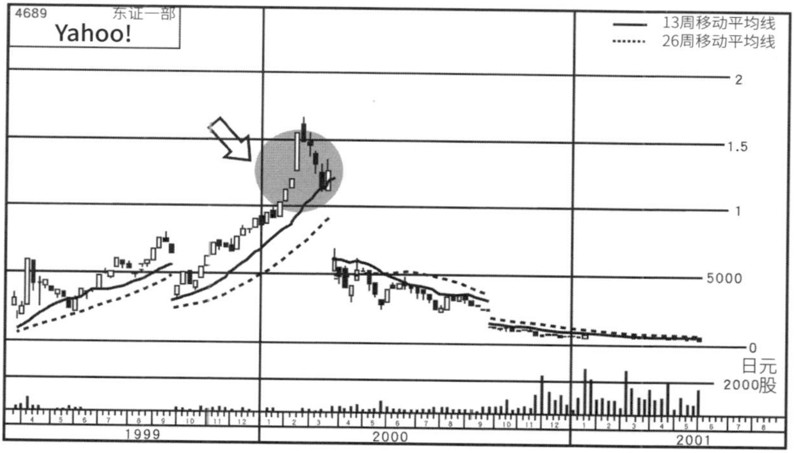

图4-95　Yahoo！周K线

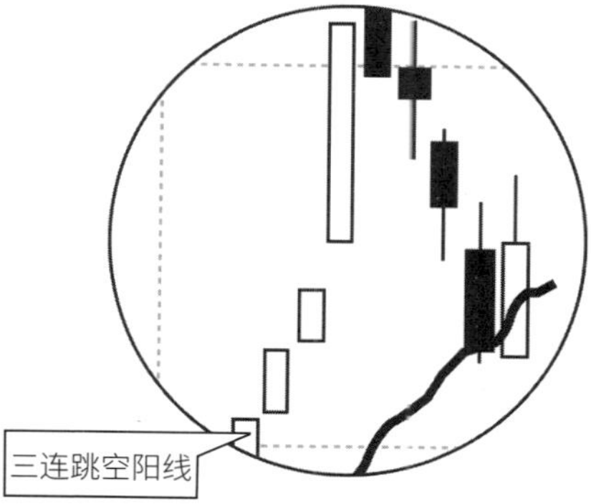

图4-96　三连跳空阳线2

图4-95是Yahoo！（4689）的周K线。在持续一段时间的上涨行情中，2000年2月出现“三连跳空阳线”（见图4-96）①。最后虽然收了大阳线，但股价转跌，确认为头部形成。

① 周K线上出现纯粹的“三连跳空阳线”很罕见。K棒实体和实体之间连续有3个缺口时，这一线形即可视为广义的“三连跳空阳线”。

（2）连八破前高停利线

◎市场环境与线形特征

在上涨行情中，连续8～10周刷新近期高点（见图4-97）。

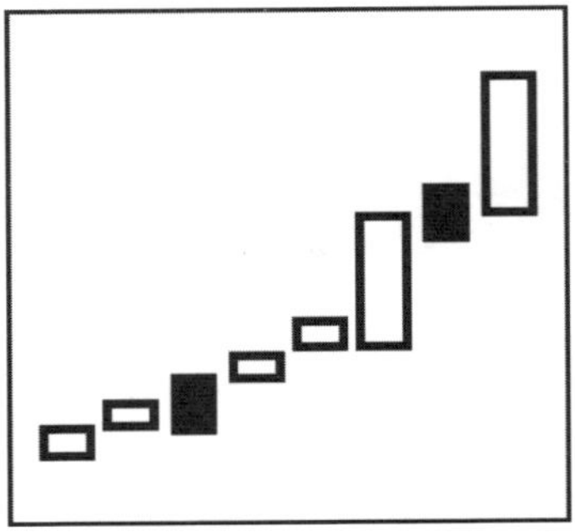

图4-97　连八破前高停利线1

◎买方的行动与心理状态

投资人对股价大涨感到欣喜，同时市场持续涌进大笔买单。

◎状况分析与市场暗示

虽然这个线形形成的过程中偶尔会有阴线，但一般人都会觉得连续8～10周破前高的案例很罕见。然而观察过去的股价变化，就会惊觉其实不只是股票，在各种商品市场上，这种案例令人意外地多。

投资人在“买了就会涨，会涨所以买”的思维影响下，沉浸在“未来”的获利中，深信这场“派对”将会永久持续。但如果冷静下来想想，已经连续2～3个月创新高的股票，其股价想必已经大幅向上背离基本面，不管利多消息再怎么多，它也不可能永远维持这种涨幅和增速。

在这种情况下，当每单位时间报酬（价格上涨幅度）开始减少后，市场会逐渐出现结束获利出场的卖单。最先行动起来的会是持有成本（买进价格）较低的投资人，所以股价的下跌幅度有限，但卖压会逐渐增强，股价也会开始大幅下跌。等到手里的未实现获利变成未实现损益，投资人开始抛售，股价就会加速下跌，甚至有可能会暴跌。

Point　未实现获利只是纸上富贵，阶段性获利了结为佳。

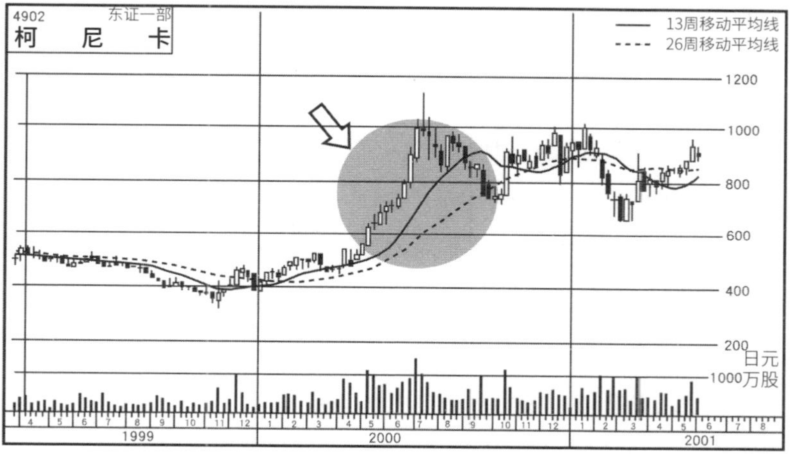

图4-98　柯尼卡周K线

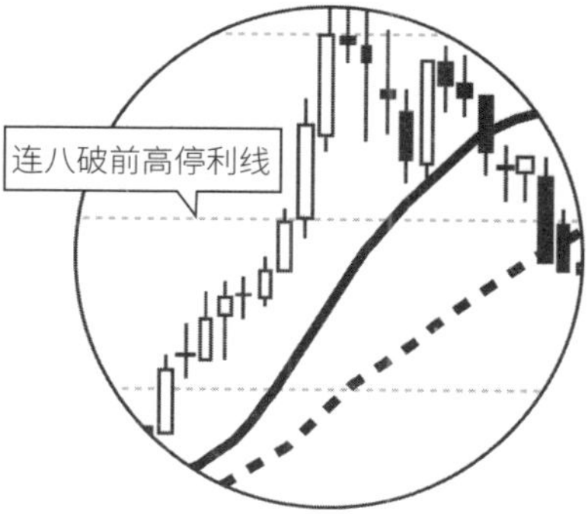

图4-99　连八破前高停利线2

图4-98是柯尼卡（4902）的周K线。自2000年5月第1周起股价突破盘整区间，呈现强劲的涨势，到7月第2周为止，股价连续11周创新高，形成了“连八破前高停利线”（见图4-99）。

（3）跳空三阳母子十字

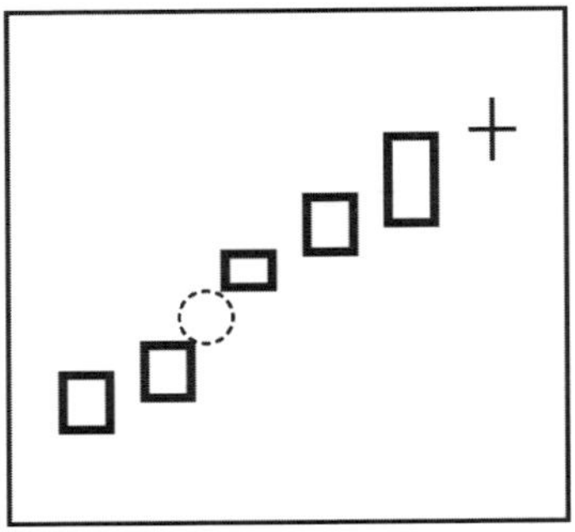

图4-100　跳空三阳母子十字1

◎市场环境与线形特征

在持续上涨的行情中，跳空开高又连续突破前高后，出现了十字线（见图4-100）。

◎买方的行动与心理状态

上涨途中跳空开高或大涨，会让投资人保持强烈的对股价上涨的期待。之后市场持续涌进买单，股价连续突破前高。

◎状况分析与市场暗示

出现投资人感兴趣的利多消息，股价会进一步高涨。因为多方积极买进，使近期高点周周刷新，呈现涨不见顶的状态。

此时出现的十字线带有重要的含义。投资人进场买进，期待股价进一步上涨，但股价并没有上涨，推测是有相同数量的卖单获利了结，所以才形成十字线。换句话说，该只股票在高档区出现了供需平衡的状态。

从结果来看，市场上会增加持有成本很高（追高买进）的多单仓位，这表示当股价转跌后，出现未实现损益的投资人会持续增加。股价大涨后又连续上扬，此时必须做好股价反杀的准备。

Point　谨记“去头去尾，只吃鱼肚”。确认十字线后，可把它当作获利了结的信号。

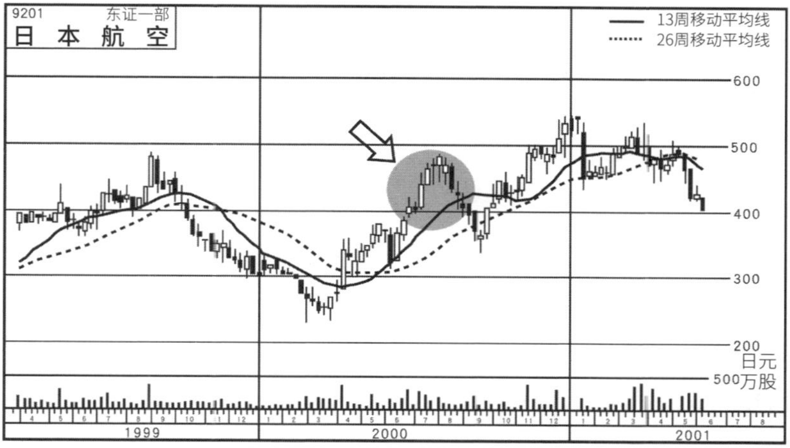

图4-101　日本航空周K线

图4-101是日本航空（9201）的周K线。2000年6月第4周向上跳空收纺锤阳线后，股价一路涨到7月第4周，但前一周出现了十字线，形成“跳空三阳母子十字”（见图4-102）。之后股价迎来反杀。

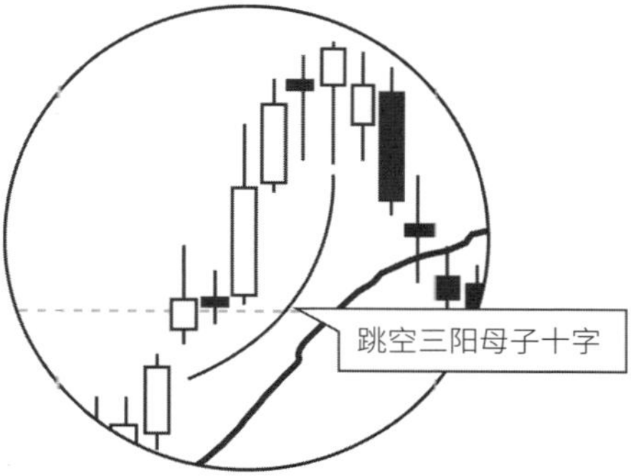

图4-102　跳空三阳母子十字2

（4）尽头线

◎市场环境与线形特征

在涨势持续上扬的行情中出现大阳线，但隔周开盘价却低于大阳线的收盘价。隔周最后虽然收了阳线，却未突破前高（见图4–103）。

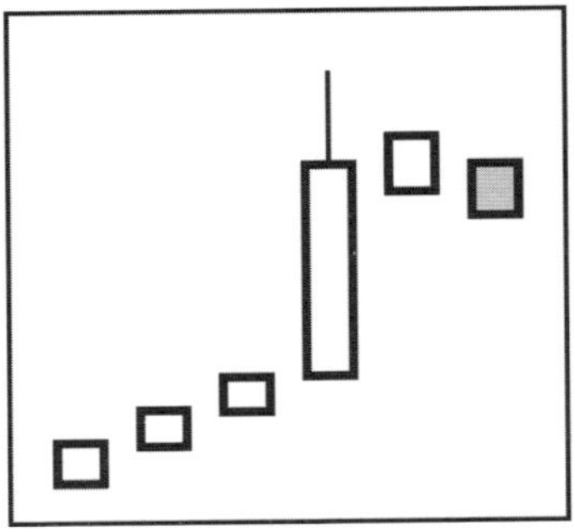

图4–103　尽头线1

◎买方的行动与心理状态

大阳线的隔周也收阳线，投资人会期待股价进一步上涨而买进，但股价未突破前高这一点，会让部分投资人开始失望。

◎状况分析与市场暗示

出现大阳线和股价大幅上涨，会让投资人感到兴奋。隔周未破前高，则会让部分投资人感到失望。但这个线形还有更值得注意的地方，那就是隔周的开盘价低于前一周大阳线的收盘价。

因为有足以推高股价的利多消息，市场上才会涌现大量买单，形成大阳线，但隔周开盘时反倒是市价卖单占优势。之后停利的卖单出尽，有投资人趁股价拉回时买进，股价才会收阳线，但潜在的高卖压不容忽视。

开低加上无法突破前高，明显呈现出买势减弱的征兆。尽头线出现的隔周如果收阴线，股价就会开始走跌。

Point　这是多头仓位停利为佳的局面。

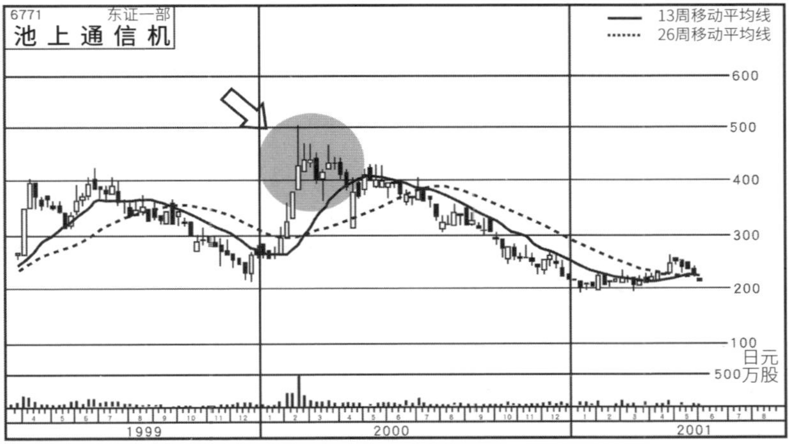

图4-104　池上通信机周K线

图4-104是池上通信机（6771）的周K线。2000年2月第3周出现“长上影线纺锤阳线”，其最高价未被隔周的阳线突破，形成了“尽头线”（见图4-105），此时股价也触顶了。若被“长上影线纺锤阳线”抱住，就是前面讲解过的线形——“浪高线”。

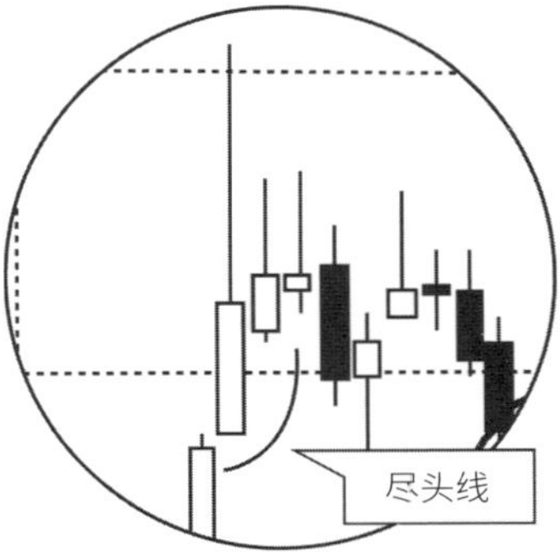

图4-105　尽头线2

（5）三鸦旋空

◎市场环境与线形特征

上涨趋势持续一段时间后，阴线出现在远低于前一周阳线收盘价的位置，且连续出现3根。此外，第2根和第3根阴线的开盘价，皆高于前一周的收盘价（见图4-106）。

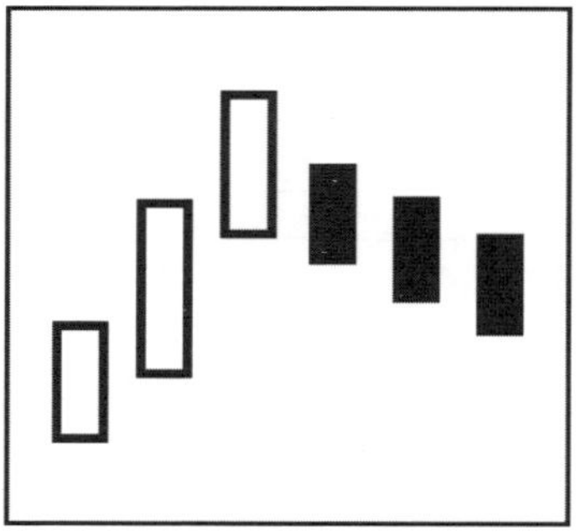

图4-106　三鸦旋空1

◎买方的行动与心理状态

连续出现3根阴线，会让大多数投资人感到不安。另外，看多的投资人会拉回买进，仿佛这是绝佳的盘整局面。

◎状况分析与市场暗示

在股价长期上涨的途中，有时股价会跌得无缘无故。原因大多是有投资人大笔卖出，想获利结账。该线形出现需要注意的地方是，第1根阴线的开盘价大幅低于前一周的收盘价。推测是开始落袋为安的投资人，掌握了一般投资人无法得知的确切消息，所以在开盘时就挂大量的市价卖单。

还要注意一个地方：第2根和第3根阴线的开盘价，都高于前一周的收盘价，这是因为有投资人依旧看涨，觉得是最佳的拉回买进点，但最后却是获利了结的卖方获胜。持续一段涨势的股价，大多都会大幅向上背离基本面，且市场内的多头仓位也会大量增加。当初成为大卖契机且只有少数人知道的资讯，逐渐在普通投资人中传开后，股价就会加速走跌[①]。

① 走跌是指股价持续下跌的状态。反之，股价持续上涨的状态称为走涨。通常会用“加速走跌”或“急速走跌”等说法。

Point　这是多头仓位停利为佳的局面。

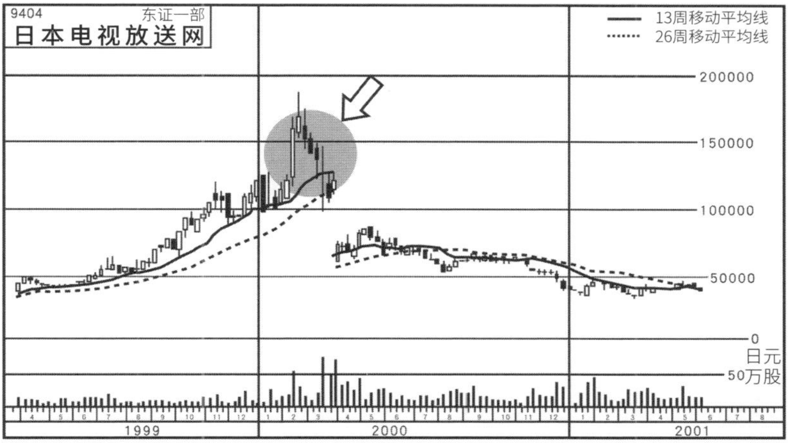

图4-107　日本电视放送网周K线

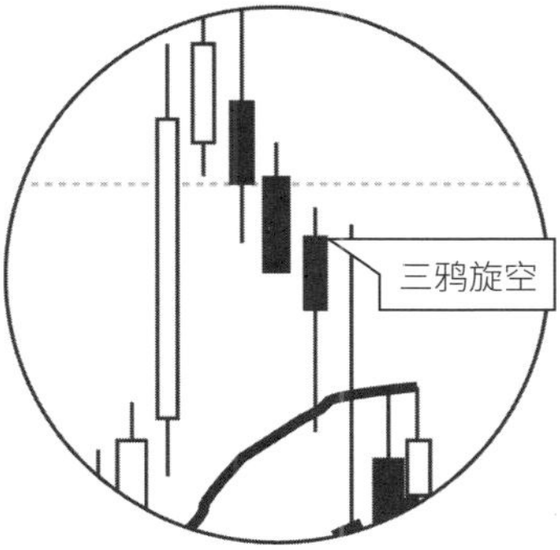

图4-108　三鸦旋空2

图4-107是日本电视放送网（9404）的周K线。2000年2月最后一周，连续出现3根阴线，形成“三鸦旋空”（见图4-108），也形成中长期顶部。大跌过后，股价长期呈现低迷状态。

（6）吊人线

◎市场环境与线形特征

股价上涨持续一段时间后，出现跳空开高的“阳锤子线”（见图4–109）。

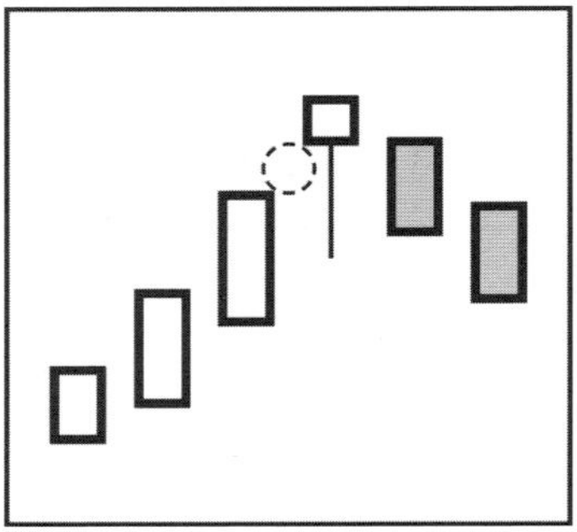

图4–109　吊人线1

◎买方的行动与心理状态

投资人期待股价续涨，所以买单涌入，进而使得股价跳空开高。但股价一度大跌，让投资人感到不安，最后收在最高价，又让投资人松了一口气。

◎状况分析与市场暗示

收“吊人线”这一周，股价出现了剧烈震荡。推测原因如下：

第一个原因可能是，前一周的周末出现了让市场参与者相当感兴趣的传闻，所以一开盘就涌现买单，使得股价跳空开高，后来又传出上周的传闻不实的消息，股价也因此急跌。接着周末真相大白了，所以股价急速上涨，收在最高价。

第二个原因可能是，投资人过去一直期待的利多消息突然公布了，因此第一周出现跳空开高的情况，但许多投资人早就已经预料到，所以市场上涌现许多获利了结的卖单，大幅压低了股价，但到周末为止的这段时间，看涨的投资人进场买进，再次推升了股价。

不管是哪种原因，市场上确实有在高档区脱手和加码进场的投资人，所以从整个市场来看，平均买进价格大幅增长。由此可见，高档区的震荡会让投资人关于今后行情走向的看法产生分歧。

如果股价之后不上涨，新买进的投资人会感到非常失望。当发生股价崩盘的状况时，投资人的卖单就会涌现。

Point 这是多头仓位停利为佳的局面。

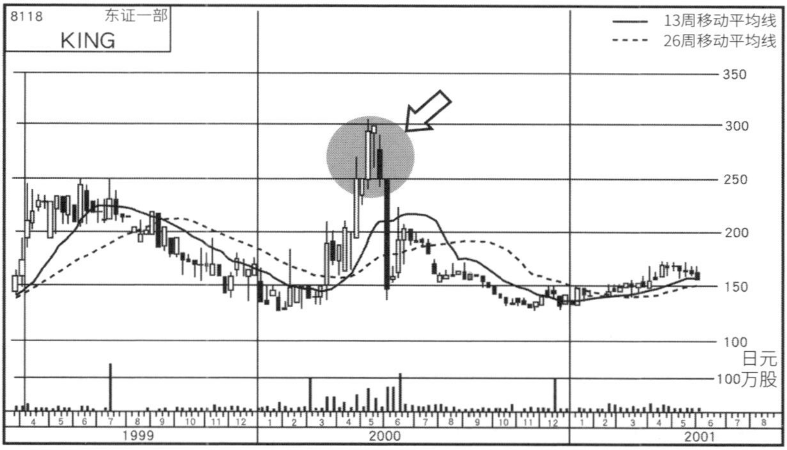

图4-110 KING 周K线

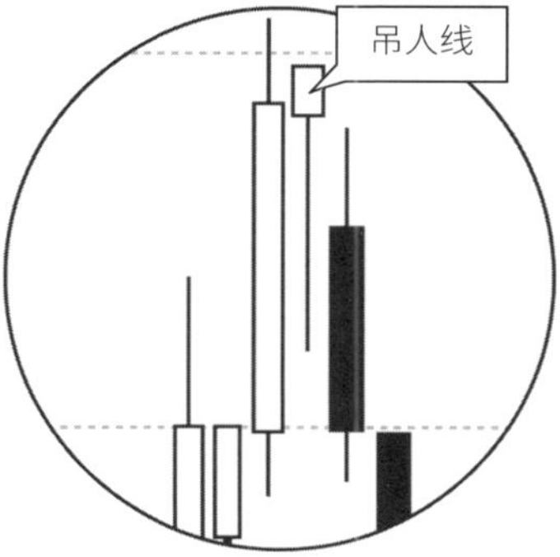

图4-111 吊人线2

图4-110是KING（8118）的周K线。2000年5月第2周出现大阳线的隔周，出现“阳锤子线”，虽然没有跳空开高，但出现了“吊人线”（见图4-111）。上涨的股价暴跌，这是中长期的顶部形成的信号。

（7）高档跳空阴线

◎市场环境与线形特征

涨势持续一段时间后，股价跳空开高却收了阴线，且收盘价高于前一周的收盘价（见图4-112）。

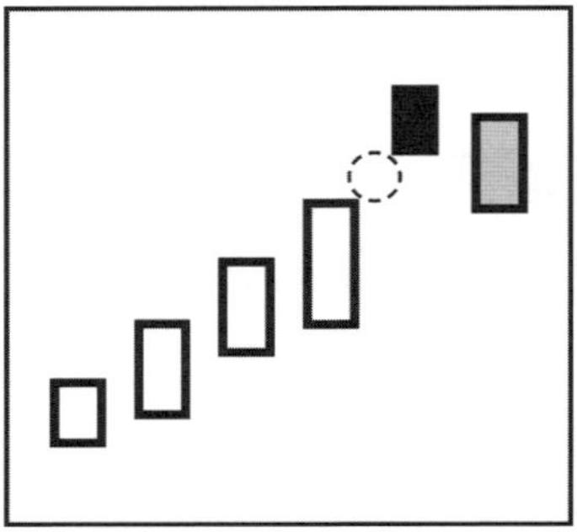

图4-112　高档跳空阴线1

◎买方的行动与心理状态

投资人期待股价再次上涨，但股价却后继无力，开始缓跌，投资人内心会失望。但收盘价高于前一周的收盘价，所以投资人也不一定会焦躁。

◎状况分析与市场暗示

上涨行情持续了很长的时间，所以市场上已经累积了很多投资人的多头仓位。出现在周末的利多消息，使得股价跳空开高。

对市场参与者来说，如果这是非常好的利多消息，应该会有人持续买进且大幅推升股价才对，但股价却以阴线收盘。

这种情况下的跳空缺口，推测是因为部分投资人被利多消息吸引入场，加上投机客大量回补空头仓位而产生的。但出现的利多消息没有激发大部分投资人的买进欲望，所以随着停利卖压逐渐增强，股价才会反杀。

想要股价持续上涨需要有新的利多消息，市场参与者的持仓大幅偏向多方，但还是有潜在的下行压力，股价有拉回整理的倾向。

Point　多头仓位可部分停利。

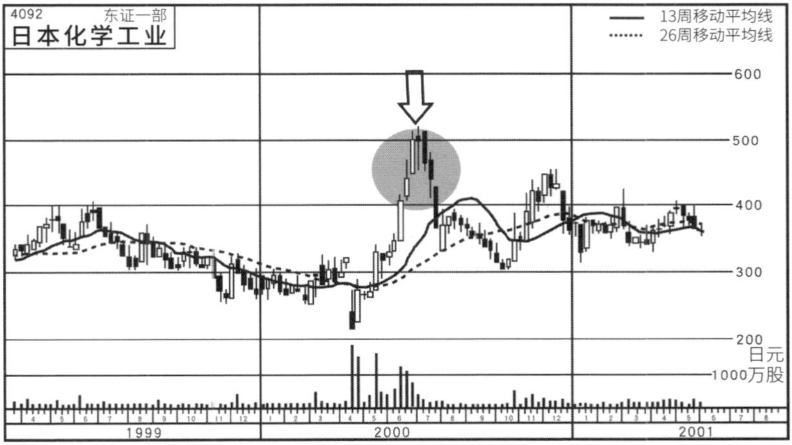

图4-113　日本化学工业周K线

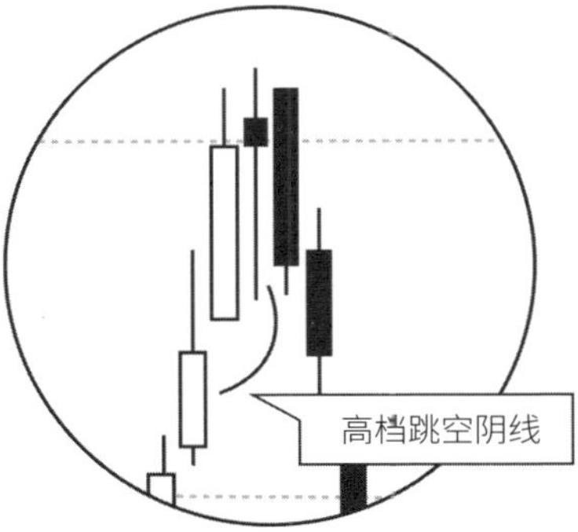

图4-114　高档跳空阴线2

图4-113是日本化学工业（4092）的周K线。2000年7月第1周出现“高档跳空阴线”（见图4-114），抑制了持续的上涨行情。这显示股价已经来到顶部，可看出后期股价的涨势会突然停止。

（8）夜星（星形）

◎市场环境与线形特征

“星形”出现后，上涨行情开始转空。它恰好是“晨星”的相反案例（见图4-115）。

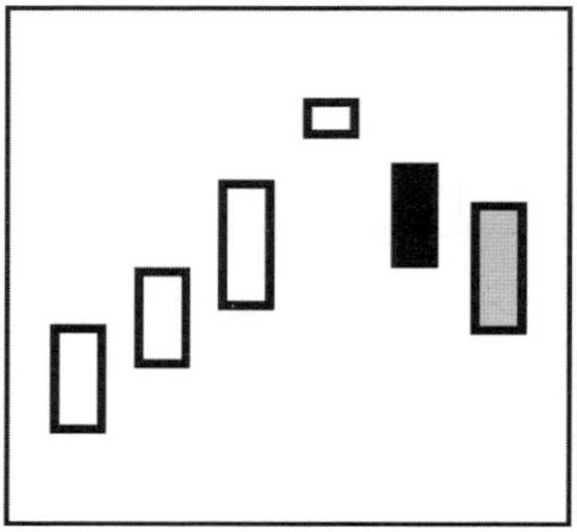

图4-115　夜星1

◎买方的行动与心理状态

股价向上跳空，会让投资人期待股价续涨。但股价却收敛涨势且隔周还收了阴线，这让投资人感到失望。

◎状况分析与市场暗示

“星形”出现的前一周，收盘前应该有大量的买单未消化，而且投资人推测近日会发布该股的利多消息，所以积极买进。但推测是卖单的规模有限，交易无法达成，所以投资人才会在跳空当周的开盘用市价买进。

然而，发布的利多消息没有满足投资人的期待，所以市场出现套现卖单，抑制了股价的涨势。于是新买单变少，卖单却逐渐增加，所以“星形”出现的隔周才会收阴线。

股价上涨过程中积累了大量的多头仓位，投资人会因为股价下跌而被迫卖出股票，形成下行卖压。

Point　停利套现最可靠，清空手上仓位为佳。

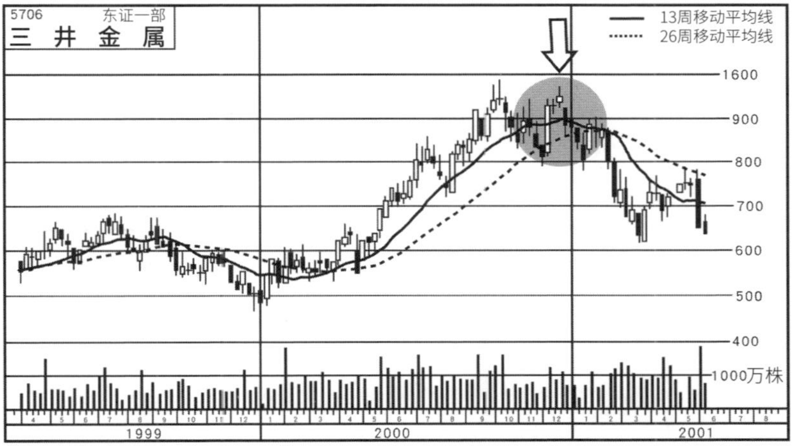

图4-116　三井金属周K线

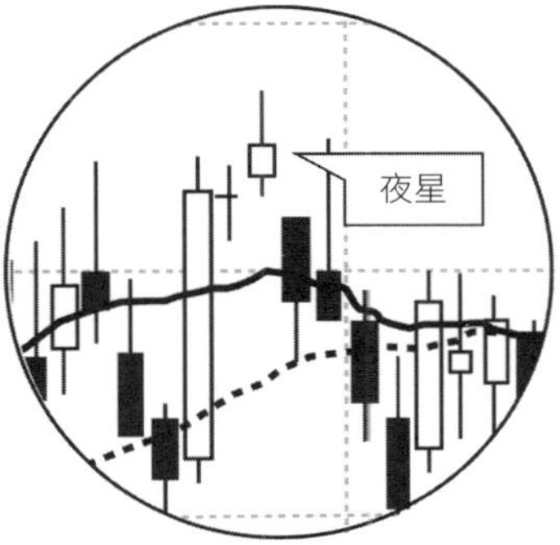

图4-117　夜星2

图4-116是三井金属（5706）的周K线。1999年12月股价触底，后出现长达约9个月的大幅上涨。2000年11月下旬涨势放缓，但12月第1周出现了大阳线，隔周收十字线，第3周向上跳空收了纺锤阳线。但第4周却跳空开低收了下影阴线，形成了“夜星”（见图4-117），之后股价大幅下跌。

（9）阳孕阳

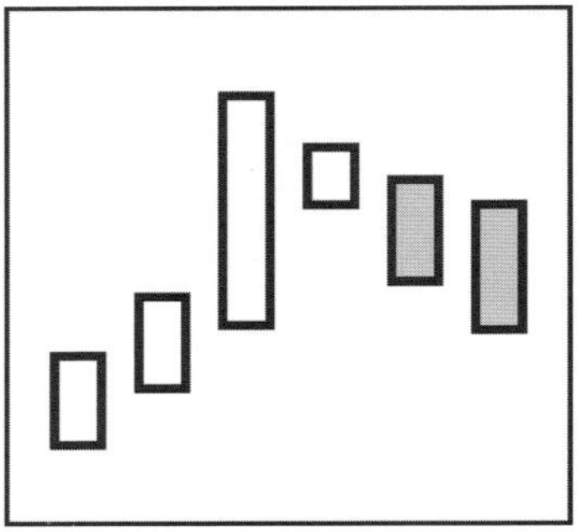
图4-118　阳孕阳1

◎市场环境与线形特征

在股价持续上涨的过程中，高档区出现了由大阳线和小阳线组成的母子线[①]（见图4-118）。

◎买方的行动与心理状态

投资人的买入热情高涨，买单大量集中，形成了大阳线。隔周股价未超过前高，不过依旧收了阳线，投资人依旧看涨。

◎状况分析与市场暗示

股价涨了一段时间，市场上的多头仓位也会大量增加。此时出现的大阳线是由新入场者积极买进、场内投资人加码及投机客空单回补集中出现造成的。

当然，背后一定有促使他们买进的利多消息，这让市场的多头仓位进一步增加。那么，市场累积了大量买单从而推升了股价。大家应该会期待股价隔周也破前高，但开盘价却大幅低于前一周大阳线的收盘价，当周股价也缺乏上涨力道，因此收了小阳线。

这代表股价拉回时的买单虽然推升了股价，但股价上涨后持续出现的停利卖单形成了很重的上档卖压。从这里可得知该股虽有利多消息加持，但有很大的潜在卖压，股价回跌就近在眼前。

① 类似的线形还有“阳孕阴”，即出现在高档区的大阳线包着一根小阴线。这代表股价大幅上涨后出现了停利卖单，同样也暗示股价将要转跌。

Point　这是多头仓位停利为佳的局面。

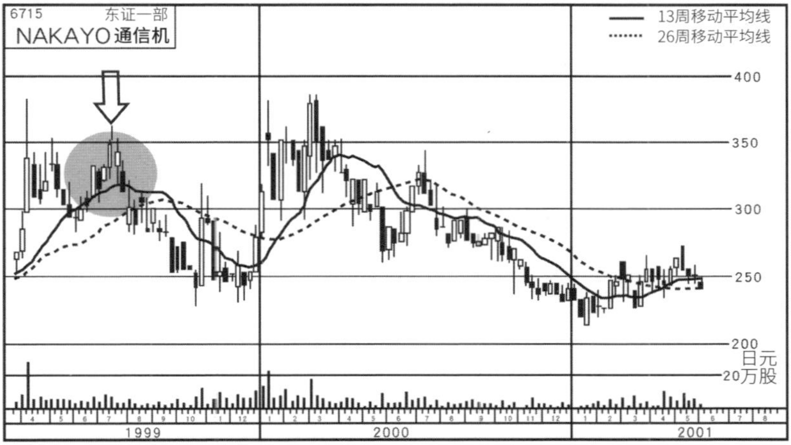

图4-119　NAKAYO通信机周K线

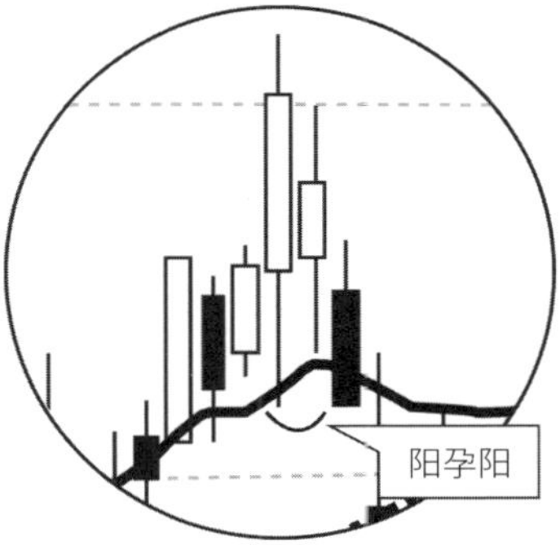

图4-120　阳孕阳2

图4-119是NAKAYO通信机（6715）的周K线。1999年7月第3周出现大阳线，隔周是小阳线，形成了“阳孕阳”（见图4-120）。股价暂时触顶，开始转跌。

（10）最后吞噬顶

◎市场环境与线形特征

在股价上涨途中，出了一根大阳线，吞噬[①]了前一周的小阴线（见图4-121）。

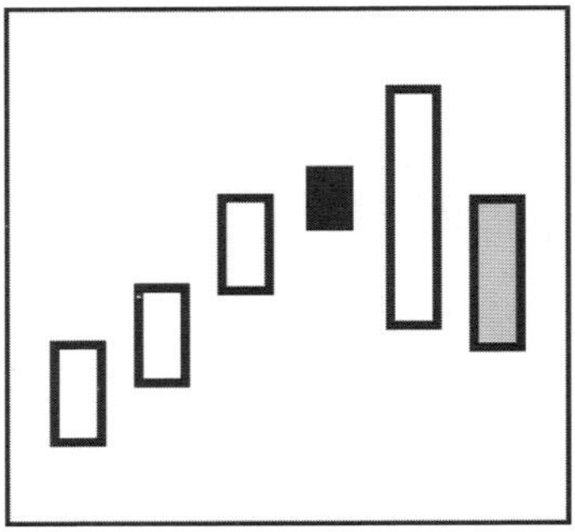
图4-121　最后吞噬顶1

◎买方的行动与心理状态

在高档区出现停利卖单，股价的涨势趋缓。但隔周又出现一根强而有力的大阳线，投资人期待股价会进一步上涨。

◎状况分析与市场暗示

高档区出现停利卖单而形成小阴线，而隔周也出现市价卖单，大幅压低了开盘价。可看出股价已经开始盘整，但之后急速反弹，收了一根大阳线。

这可能出于以下的原因：一是持有大量买单的投机客进入，再次推升了行情；二是出现了某种风声，意外激起市场参与者的买进欲望；三是持有空单的投机客一口气回补。

不管是哪一种原因，后续只要没有买单持续入场支撑，这个大涨就有可能是昙花一现。当然，看涨的投资人会买进。但出现大阳线前，市场早就是供过于求的状态。之后如果股价没有显著地上涨，投资人的卖单就会逐渐增加。投资人应该做好股价可能会反杀的准备。

① 吞噬是指大阳线或大阴线完全“吃掉”前一周（前日、前月）的K棒。

Point 这是多头仓位停利为佳的局面。

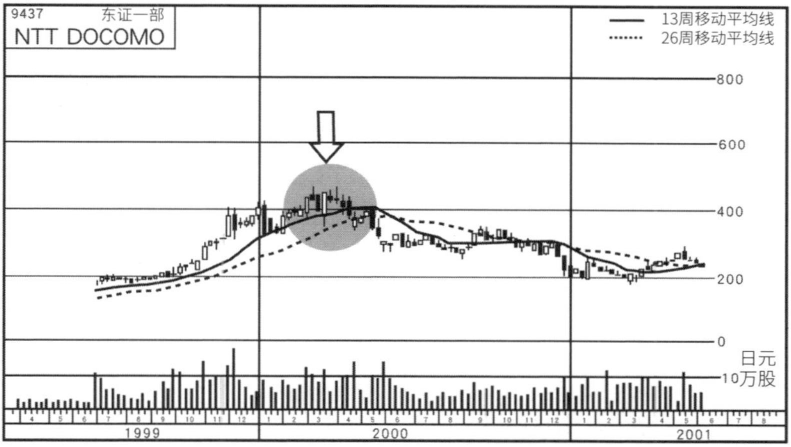

图4-122　NTT DOCOMO 周K线

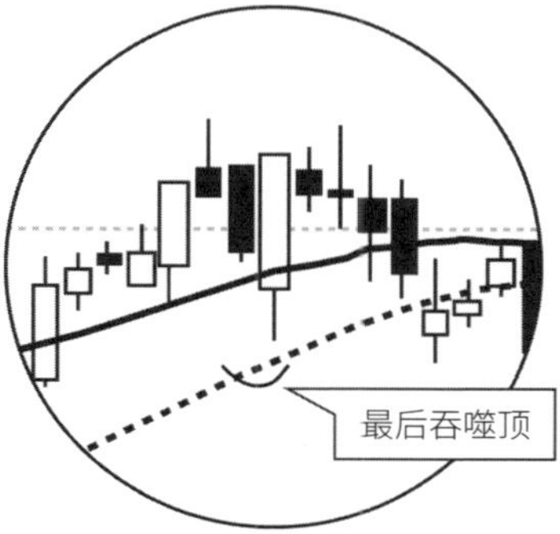

图4-123　最后吞噬顶2

图4－122是NTT DOCOMO（9437）的周K线。2000年3月第3周的大阳线吞噬掉前一周的阴线，形成了高档区的“最后吞噬顶”（见图4-123）。行情逅接上涨波段最高价，之后大幅下跌。

（11）空头吞噬

◎市场环境与线形特征

在股价上涨阶段，出现了一根大阴线，吞噬了前一周的小阳线（见图4-124）。

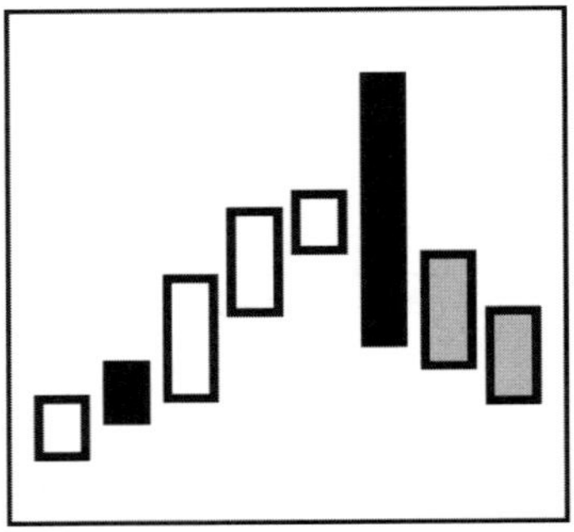

图4-124　空头吞噬1

◎买方的行动与心理状态

一路买进的投资人看到此线形会非常失望。此线形出现在高档区也会让大家产生警惕，开始停利套现。

◎状况分析与市场暗示

这是非常显著的顶部形成局面。股价在上涨过程中，当周开盘价高于上周收盘价，之后却崩盘，且一路恶化到收盘都未好转。

出现这种情况，可能是出现了投资人极度不愿意看到的利空消息。因此不再有新买单进场，而且市场上还大量涌现了停利卖单。投资人对股价的上涨期待立刻灰飞烟灭，之后也会持续卖出仓位。

Point　这是多头仓位停利为佳的局面。

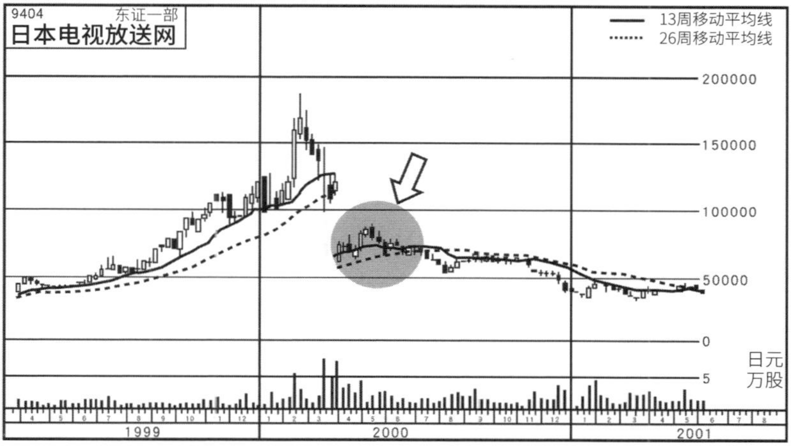

图4-125　日本电视放送网周K线

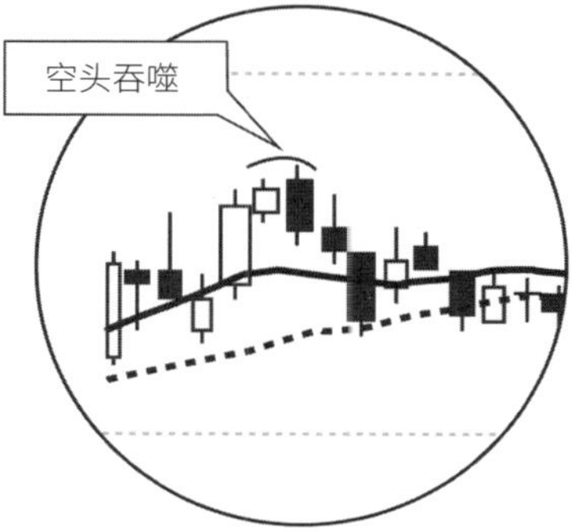

图4-126　空头吞噬2

图4-125是日本电视放送网（9404）的周K线。2000年2月最后一周开始形成“三鸦旋空”，股价第一次触顶。3月拆股后，股价短暂上涨，但5月第2周的大阴线吞噬了前一周的小阳线，在高档区形成“空头吞噬”（见图4-126），且股价二次触顶[①]，自1999年以来的大行情宣告结束[②]。

① 二次触顶是指上涨行情短暂回落又反弹，之后再次跌落所形成的第二个顶部。第一个顶部则称为“一次触顶”。

② 股价分割造成图4-126中的断层。

（12）反击顺沿线

◎市场环境与线形特征

“顺沿线”是指上涨行情中出现阴线，且其开盘价低于前一周阳线的收盘价，接着隔周又收了一根阴线的线形。“反击顺沿线”是指在此连续出现阴线的隔周，突然收了一根大阳线的线形（见图4-127）。

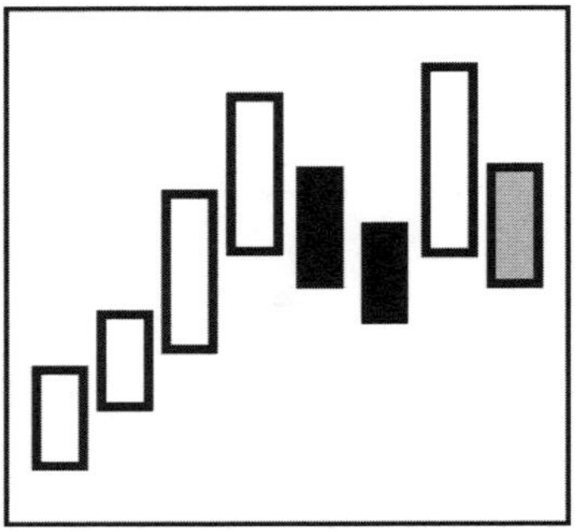

图4-127　反击顺沿线1

◎买方的行动与心理状态

一路买进的投资人对该股感到失望，也对高涨的股价产生警惕，所以开始停利套现。这时出现大阳线，会让一些投资人安心。

◎状况分析与市场暗示

此线形的形成过程类似“最后吞噬顶”：在高档区出现的停利套现，促使连续阴线形成，此时股价正在盘整，但股价突然急速反弹，收了大阳线。

这可能是投机客刻意买进拉抬[①]、空单一口气回补，或受到风声影响而出现的暂时性大量买单。但只要投资人今后没有持续买进，要维持股价就会很困难。

看涨的投资人会尝试买进，但市场在大阳线出现以前，早就已经供过于求，除非股价之后有显著的上涨，否则投资人的卖单只会越来越多，股价也会持续下行。

---

① 买进拉抬是指希望股价上涨的投资人主动买进，营造出行情上涨的氛围，引诱其他人跟随买进的行为。

Point　这是多头仓位停利为佳的局面。

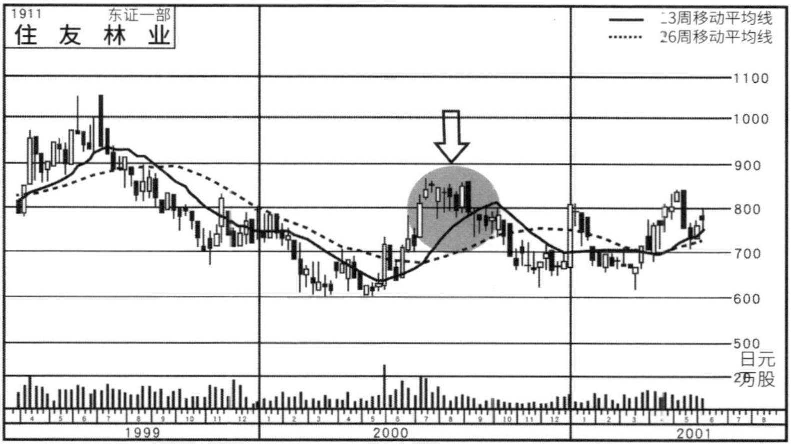

图4-128　住友林业周K线

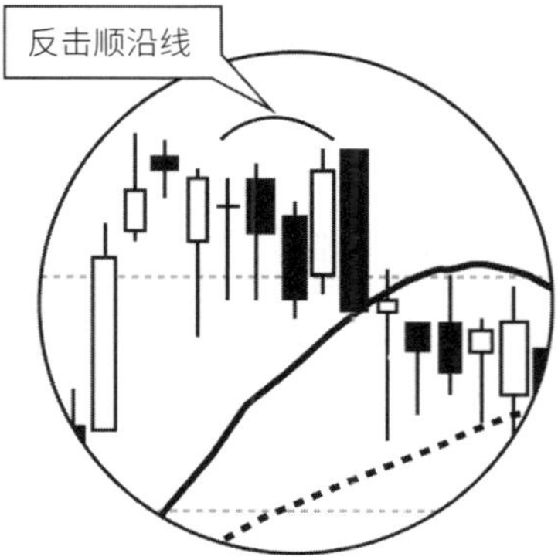

图4-129　反击顺沿线2

图4-128是住友林业（1911）的周K线。2000年7月最后一周收下影阴线，接着出现“蜻蜓线”，8月第2周和第3周出现连续阴线，第4周出现了大阳线，形成“反击顺沿线”（见图4-129），隔周高开低走形成大阴线后，股价开始走弱转跌。

（13）跳空盘整大阳线

◎市场环境与线形特征

上涨行情中，股价跳空开高后，在持续盘整期间收了一根大阳线（见图4-130）。

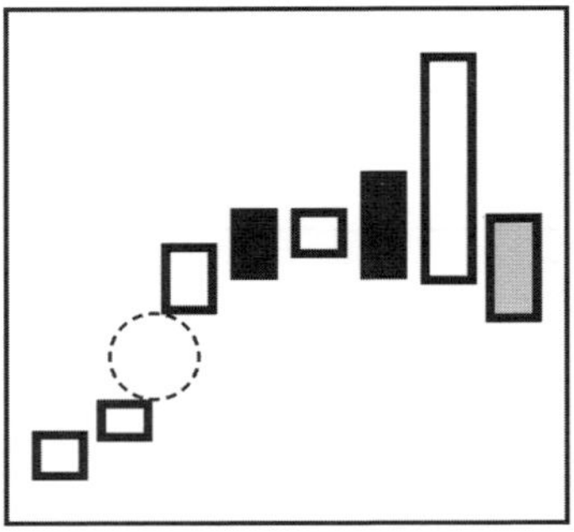

图4-130　跳空盘整大阳线1

◎买方的行动与心理状态

股价跳空开高后，进一步看涨的投资人和套现的投资人多空交战，形成了盘整状态。收了大阳线后，看涨的投资人再次安心。

◎状况分析与市场暗示

出现跳空缺口后，股价进一步上涨。有许多新的投资人进场买进，但股价却未一口气高涨，可推测市场上出现了相同规模的停利卖单。

盘整一阵子后（通常是缺口形成后的5～7周）收了大阳线。这种现象常见于以下两种情况：一种是一直都很慎重的投资人，认为“股价目前虽在高档区，但底部却意外扎实”，所以终于进场买进；另一种是股价不回跌，投机客回补空单。

然而跳空开高后的盘整期间，新买单和套现卖单交错，使得市场整体的平均买进价格大幅向上。再加上大阳线出现时的新买单或空单回补，又让市场的多单仓位进一步增加。之后如果没有显著的上涨，股价很可能会自动下跌。

Point　大阳线出现的隔周，将部分的多单停利会比较 安全。此时通常股价会回调到跳空前的水水。

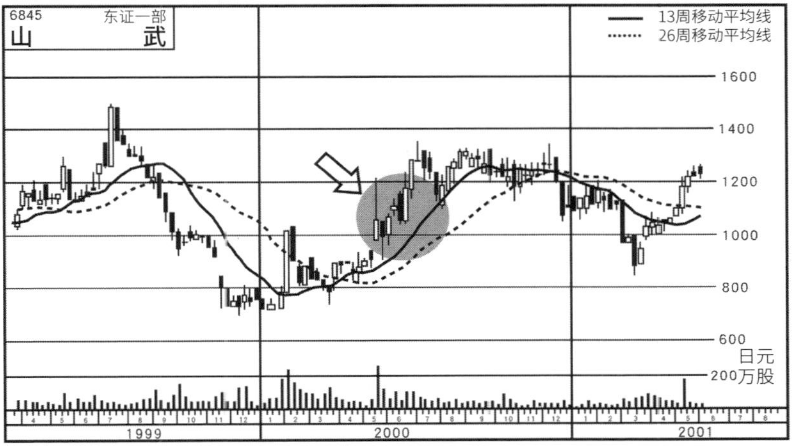

图4-131　山武周K线

图4-131是山武（6845）的周K线。2000年5月第3周，跳空开高出现上影阳线，股价上涨和盘整后，6月第4周出现了大阳线，虽然有点变形，但确实形成了“跳空盘整大阳线”（见图4-132）。之后股价续涨了一波，但上档卖压急速加大，市场回调气氛逐渐浓厚。

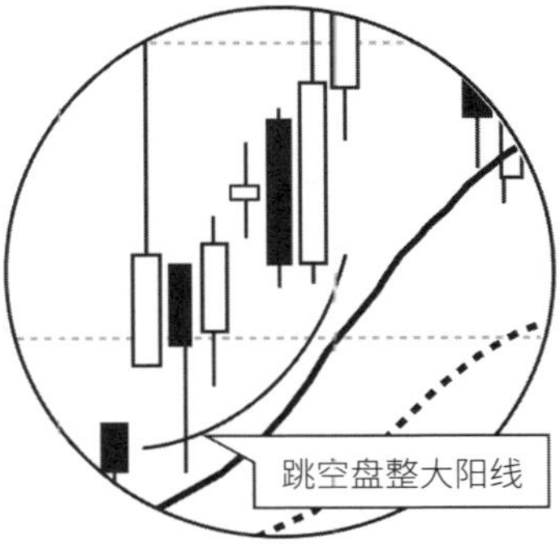

图4-132　跳空盘整大阳线2

（14）大阳跳空盘整大阴线

◎市场环境与线形特征

在上涨行情中，股价跳空开高收了大阳线，之后在高档区盘整后，收了一根开高收低的大阴线（见图4–133）。

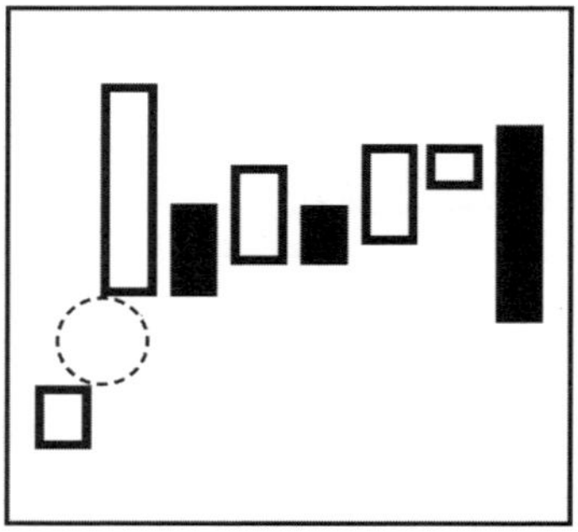

图4–133　大阳跳空盘整大阴线1

◎买方的行动与心理状态

股价跳空后，看涨和停利的投资人多空交战，形成了盘整局面。但最后却收了大阴线，投资人的看涨期望顿时落空，逐渐转为失望。

◎状况分析与市场暗示

股价跳空收了大阳线，但却未出现多数市场参与者期待的上涨行情。这可能是因为有新买单的同时，也有投资人停利出场，所以市场的供需维持在平衡状态。

这种情况下，股价通常会上下震荡5～7周，但最后如果出了一根高开低收的大阴线，就表示股价即将回落。

多空交战的盘整期间，市场整体的平均买进价格会大幅上升。大阴线的出现，会让投资人的看涨期待落空，之后投资人的卖单会加速增加，以确保获利。

Point　大阴线出现的隔周，多单应该停利。此时通常股价会回调到跳空前的水平。

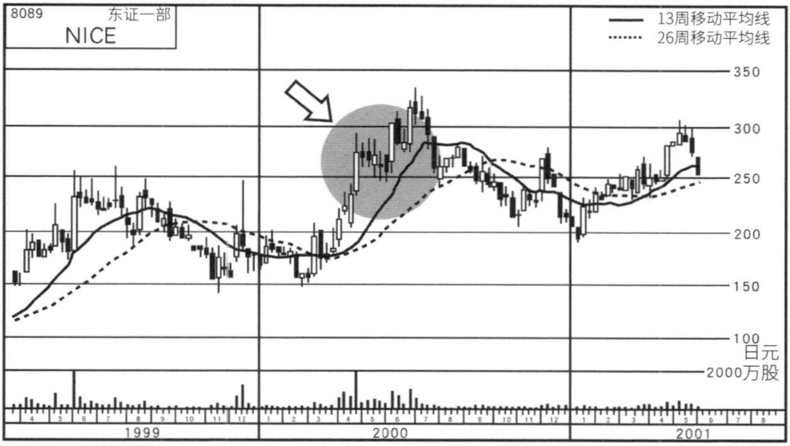

图4-134　NICE 周K线

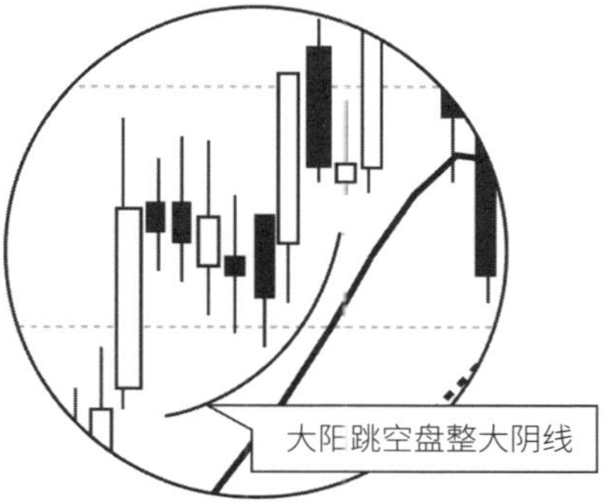

图4-135　大阳跳空盘整大阴线2

图4-134是NICE（8089）的周K线。2000年4月最后一周向上跳空，收了大阳线。盘整了5周后，再次出现大阳线，但隔周却出现高开低收的阴线，形成了“大阳跳空盘整大阴线”（见图4-135）。7月上旬股价尝试上攻但后继无力，不久股价就转跌了。

5. 股价见顶回落的11种线形

（1）插入线

◎市场环境与线形特征

下跌行情中连续出现阴线，突然有一周开盘价低于前一周的收盘价，但最后上涨收了阳线且阳线在前一周K线实体范围内（见图4-136）。

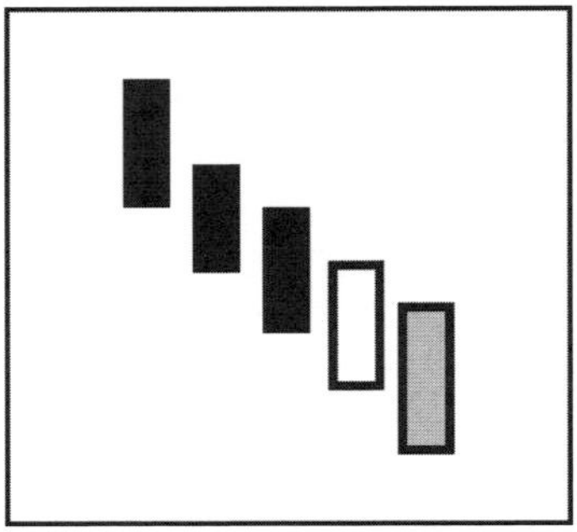

图4-136　插入线1

◎买方的行动与心理状态

投资人因为连续出现阴线而非常失望。此时出现阳线会让投资人放心，并期待股价反弹。

◎状况分析与市场暗示

股价从近期高点跌落后，只有极少数投资人能判断股价已经触顶，而多数投资人会期待股价再次上涨，并观察其走势。

对投资人来说，最好的价格变动就是股价在短时间内大幅上涨。每单位时间的收益率变化是判断行情走势的重要因素之一。

在持续了很长时间的上涨行情中连续出现阴线，会让每单位时间的收益率由正转负，最后促使投资人停利套现。在股价持续走跌时，如果有人觉得股价变得合理而在拉回时买进，行情就会暂时反弹。但市场中的多头仓位并未大幅减少，所以股价反弹后会被上档的卖压打回，并持续下跌。

Point 前面没停利的多单仓位，可利用这根阳线清空仓位出场。

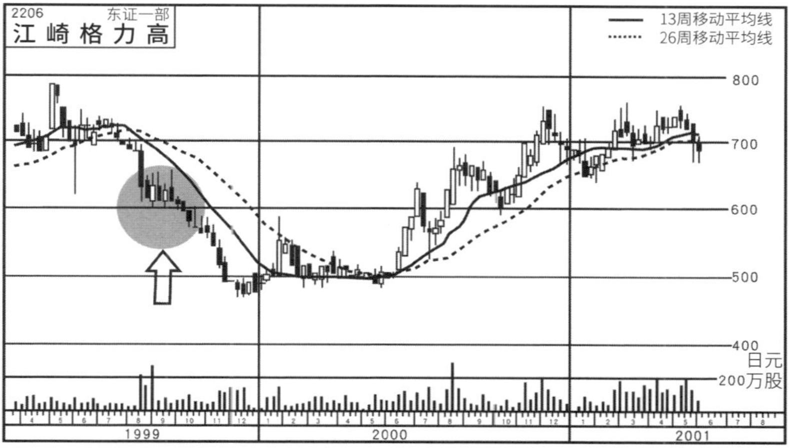

图4-137　江崎格力高周K线

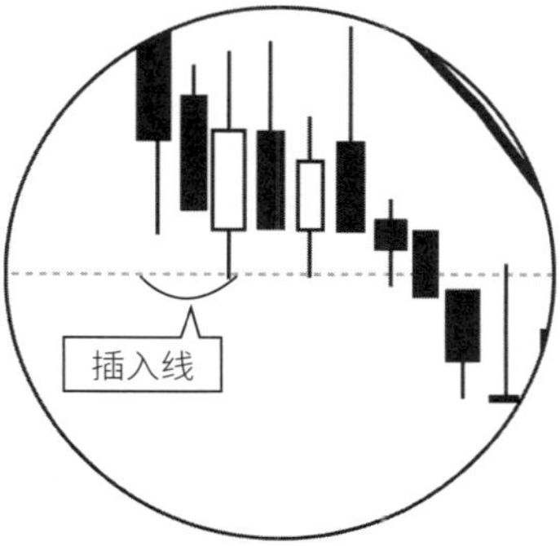

图4-138　插入线2

图4-137是江崎格力高（2206）的周K线。1999年9月第1周的阳线形成“插入线”（见图4-138）。此时上档卖压依旧很大，股价逐渐下行。

（2）下跳三连阳收阴

◎市场环境与线形特征

股价在前一周的收盘后向下跳空开盘，然后连续出现3根与下跌趋势相反的阳线，但隔周又再次收阴线（见图4-139）。

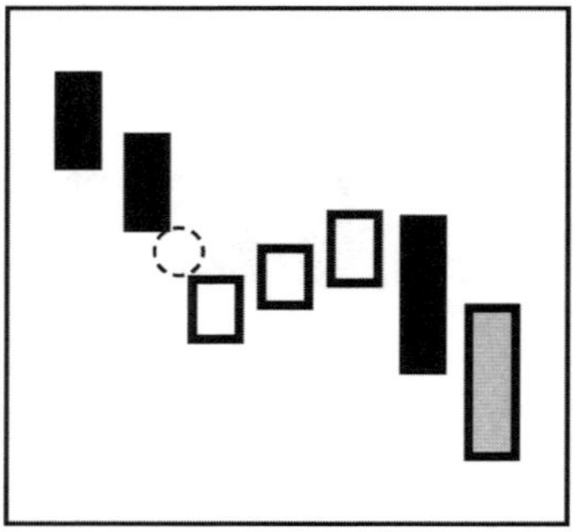

图4-139　下跳三连阳收阴1

◎买方的行动与心理状态

在下跌过程中跳空开低，会让投资人感到失望，并担心股价会跌不见底。但之后出现了3根阳线，让投资人暂时恢复冷静，但其看到隔周又出现阴线，会再度失望。

◎状况分析与市场暗示

在股价下跌过程中，如果出现会让投资人不安的谣言或风声，市场上就会涌现大量卖单，令股价大幅下跌，并向下跳空。

但谣言或风声的真实性被正式否定后，原本抛售的投资人会转而买回，或是有新的买单涌进市场，所以通常股价会稍微回升，阳线就是这样连续出现的。但买单出尽后，一直在等股价回涨的投资人，又带了大量的卖单入场，就会使股价再次转跌。

之后，当谣言或风声被正式否定，且第1根阳线开始回稳时，投资人会产生股价相对便宜的错觉，而进场买进。但市场内存在的多单仓位，可能会使股价转跌，提高发生崩盘的概率。

Point **最好先清空前面没停利的多单仓位，这样比较安全。**

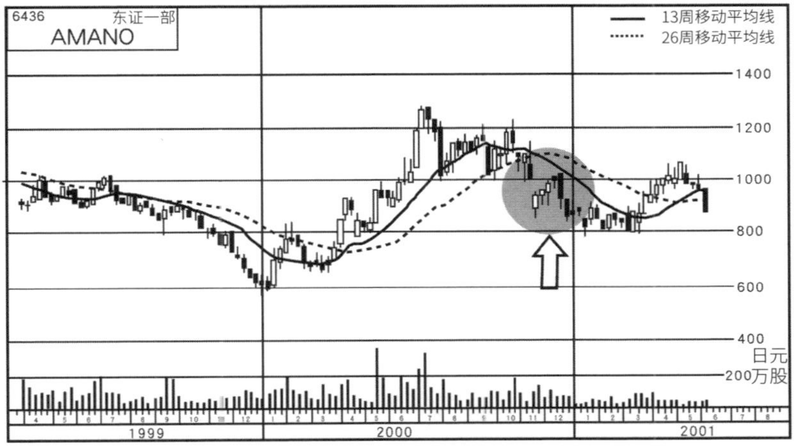

图4-140　AMANO 周K线

图4-140是AMANO（6436）的周K线。2000年11月第2周出现上影阴线，隔周大幅向下跳空并收了阳线，后续出现了2根小阳线。12月第3周出现大阴线后，股价进一步往下跌，形成“下跳三连阳收阴”（见图4-141）。

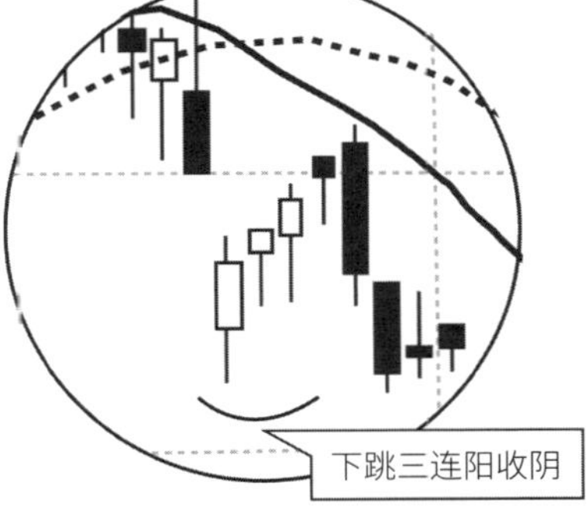

图4-141　下跳三连阳收阴2

（3）下降三法

◎市场环境与线形特征

在下跌行情的初期，大阴线之后连续出现3根阳线，隔周又再次收大阴线，一口气跌穿3根阳线[①]（见图4-142）。

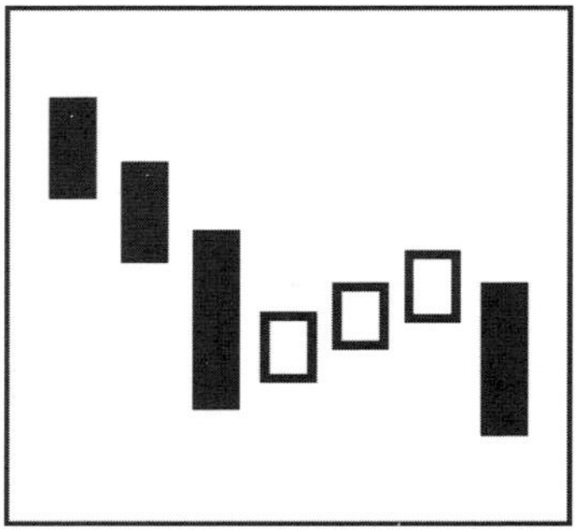

图4-142 下降三法1

◎买方的行动与心理状态

持续下跌的行情，让投资人的失望情绪持续加剧，不得已"割肉"止损。此时连续出现3根阳线，原本害怕跌不见底的投资人开始安心。但再次出现的大阴线，又将投资人逼到绝望的深渊。

◎状况分析与市场暗示

投资人的卖压增加，使得股价加速下跌，所以连续出现大阴线。股价从高点跌到一定的水平后，有些投资人会觉得股价合理，所以趁拉回买进，使得股价小幅反弹。连续3根阳线就是这样产生的，也可能是因放空的投资人暂时回补形成的。

该线形的重点在于3根阳线被1根大阴线吞噬殆尽。下跌途中连续出现了3周的上涨行情，但都无法超过前面那根大阴线的最高价，这暗示反弹的力量很弱，市场上仍然有很大的潜在卖压。

① 第3根阳线的收盘价不能高于第1根阳线的最高价（就算高于也只能高一点），且第2根大阴线的收盘价要低于第1根阳线的开盘价。

Point 最好先清空前面没停利的多单仓位，这样比较安全。

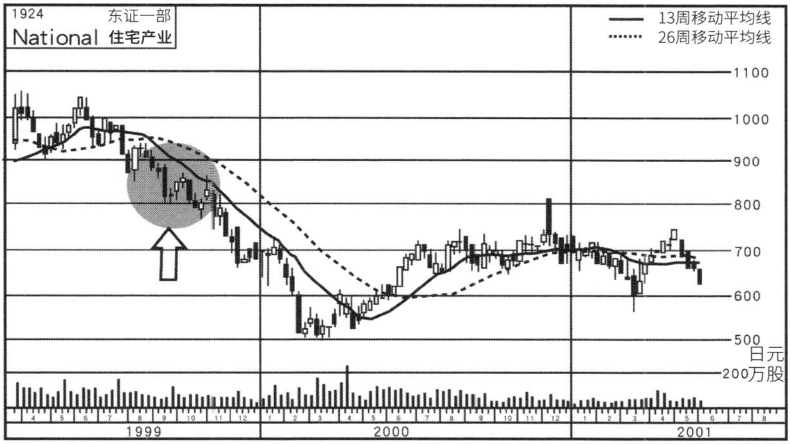

图4-143　National 住宅产业周K线

图4-143是National住宅产业（1924）的周K线。1999年9月第3周出现的大阴线吞噬了十字线和2根小阳线，形成了“下降三法”（见图4-144）。之后股价持续大跌。

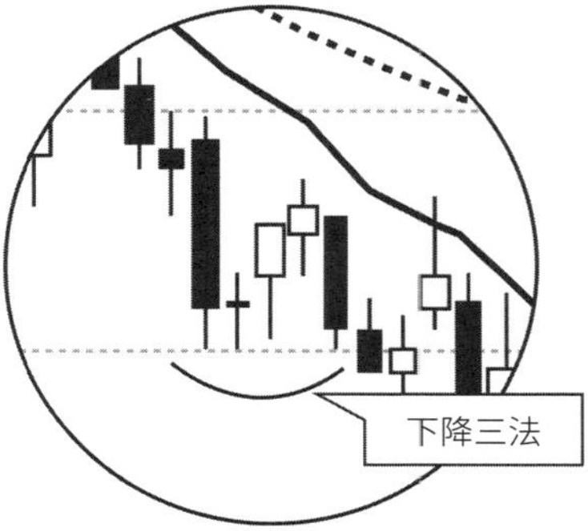

图4-144　下降三法2

（4）反打前三

◎市场环境与线形特征

下跌行情中，突然出现1根大阳线，吞噬了最近3周的K棒（见图4-145）。

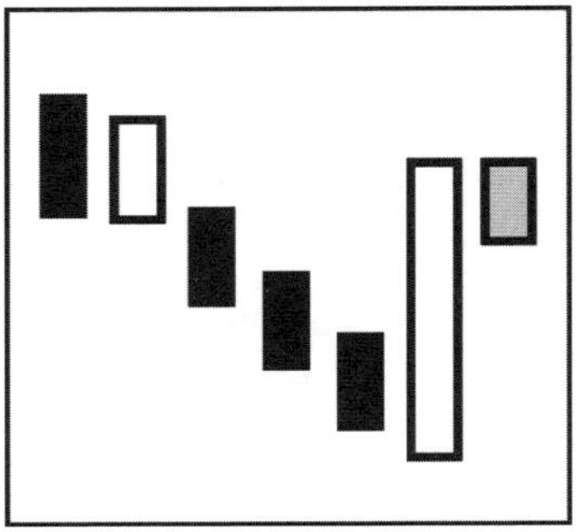

图4-145　反打前三1

◎买方的行动与心理状态

此前连续的阴线让投资人的失望情绪加剧，逐渐卖掉手中的多头仓位。这时出现的大阳线，会让人认为股价已经触底。

◎状况分析与市场暗示

依据引发大阳线出现的消息[①]而异，股价后续走势也会有所不同。如果是完全超乎预期的利多消息，且投资人觉得该消息能够提升该股票的价值时，就会有许多投资人买进，股价也会反弹。

反之，如果大阳线是基于后来被正式否定的谣言或风声，或是因为卖空的投机客一口气清仓回补而产生的话，后续出现买单的概率就很低。这种情况下，市场会再次遭遇卖压。

大阳线出现后，投资人的情绪逐渐由失望转变为期待。但看到此线形，最好先仔细检查消息的内容及其真伪再做出行动，这样会比较安全。

---

① 消息是影响股价的因素总称，可分为利率或外汇等外在因素和企业业绩或市场供需等内在因素。

Point　对股价反弹没有信心时，最好清空仓位出场，这样比较安全。

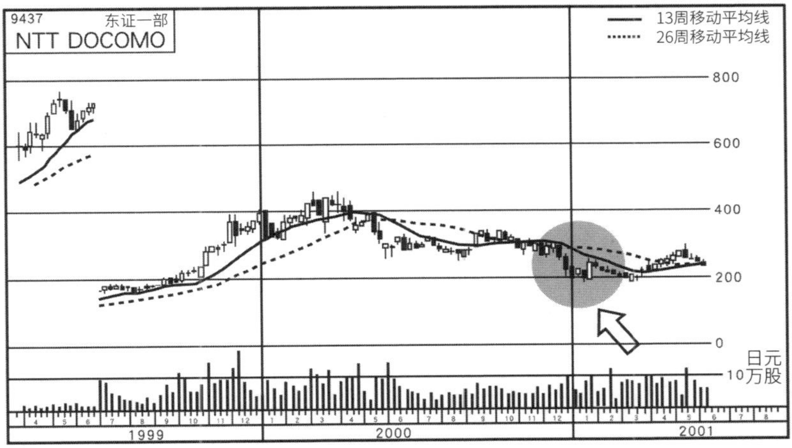

图4-146　NTT DOCOMO 周K线

图4-146是NTT DOCOMO（9437）的周K线。2001年1月第3周，出现大阳线吞噬了前3周的K棒，形成“反打前三”（见图4-147）。虽然出现大阳线，但上档卖压仍很大，后续股价进入缓跌状态。

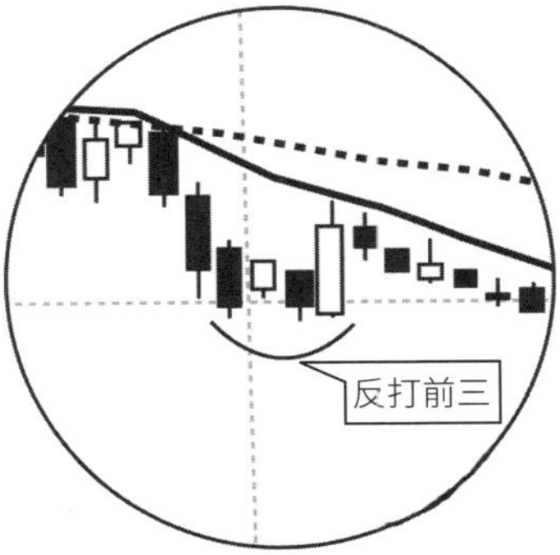

图4-147　反打前三2

（5）下跌插入线

◎市场环境与线形特征

下跌行情中，有一根阳线插入连续出现的阴线中，形成“下跌插入线”（见图4-148）。

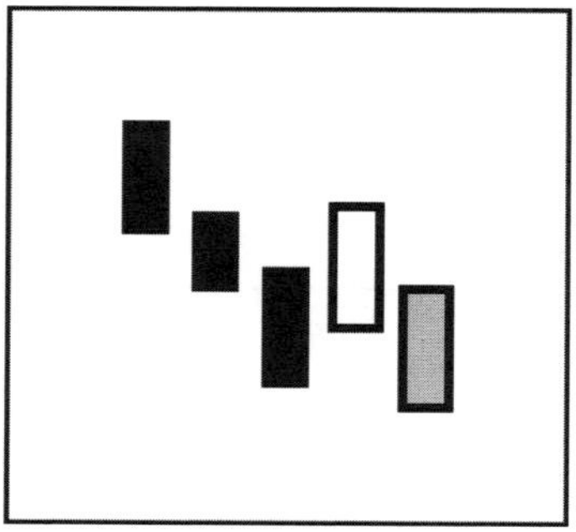

图4-148　下跌插入线1

◎买方的行动与心理状态

连续的阴线会让投资人失望，阳线的出现会让人投资安心，甚至会有投资人下买单“试水温”。

◎状况分析与市场暗示

在下跌行情中，有投资人会因为股价合理而下买单，股价也会被暂时推升，从而形成阳线插入。

股价触顶后的下跌行情中，有时会出现这种类型的买单，使得局面变成“小康状态”，但多头仓位仍有一定的数量，通常股价反弹会在短时间内结束，然后再度“走熊”。

Point “插入线”出现的隔周，是前面没停利的多单仓位清空出场的好时机。

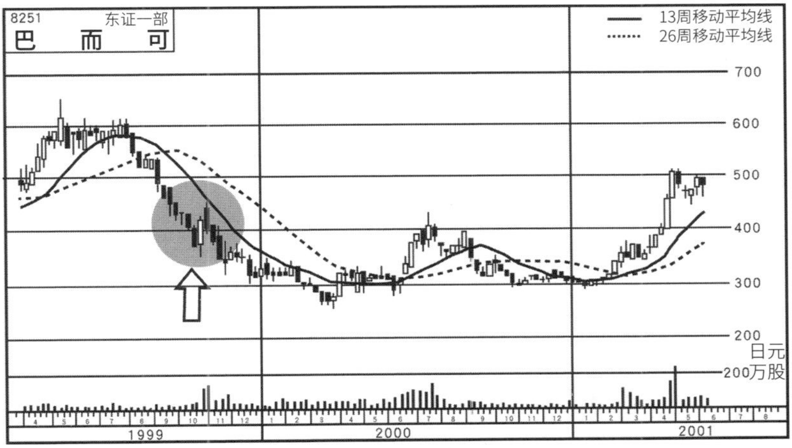

图4-149　巴而可周K线

图4-149是巴而可（8251）的周K线。1999年10月第4周，阳线插入连续出现的阴线中，形成“下跌插入线”（见图4-150），之后股价持续走跌。

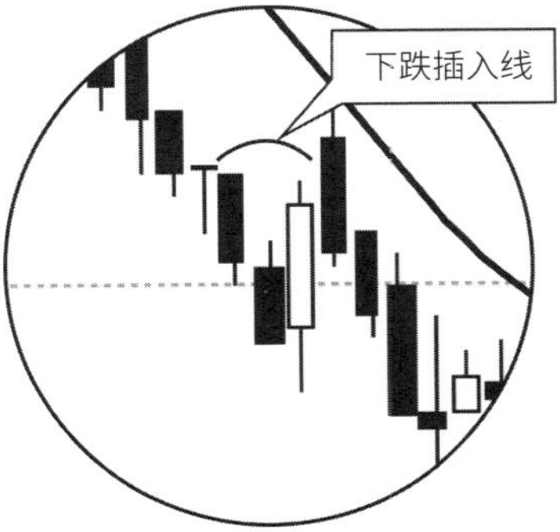

图4-150　下跌插入线2

（6）低档转化线

◎市场环境与线形特征

下跌走势中，突然出现一根大阳线①（见图4-151）。

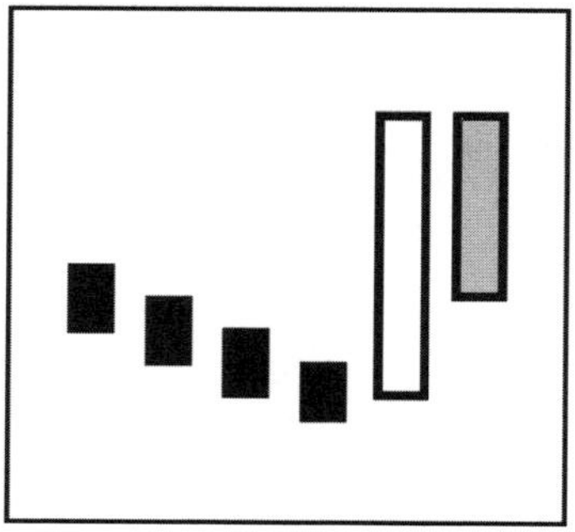

图4-151　低档转化线1

◎买方的行动与心理状态

突然出现大阳线，能够消除投资人的不安与失望情绪，使其涌现对上涨的期待。

◎状况分析与市场暗示

下跌走势中出现大阳线必须特别留意。正如“反打前三”，如果是有可靠依据而出现的大阳线，会让股价持续上涨，那投资人就可以追价。但在下跌行情中，常会有人散布谣言或风声想要拉高股价以脱手。所以如果投资人觉得出现大阳线等于后市看涨，就携新资金入场，这样恐怕过于武断，可能会蒙受意想不到的损失。

如果谣言或风声被正式否定，这种类型的上涨行情就会立刻急挫，所以必须保持冷静，看清真相再行动。

① 上涨途中突然出现的大阴线，则为“高档转化线”。

Point　遇到涨得无凭无据的大阳线，最好将其当作清空多头仓位的机会。

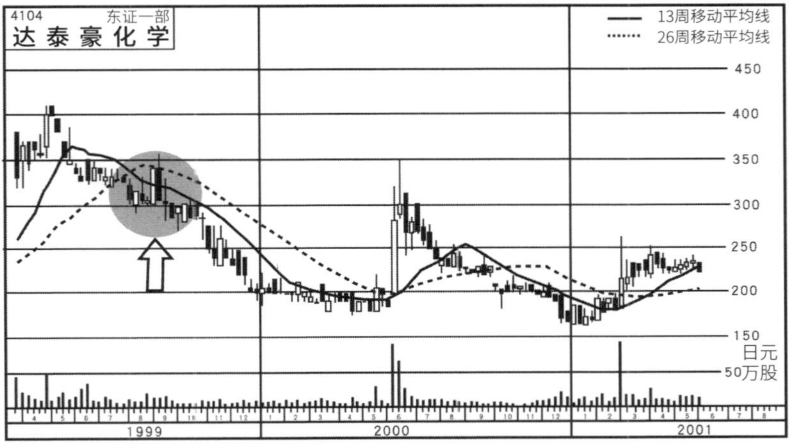

图4-152　达泰豪化学周K线

图4-152是达泰豪化学（4104）的周K线。1999年9月第1周突然出现大阳线，形成“低档转化线”（见图4-153）。但隔周出现同等规模的大阴线，之后股价大幅下跌。

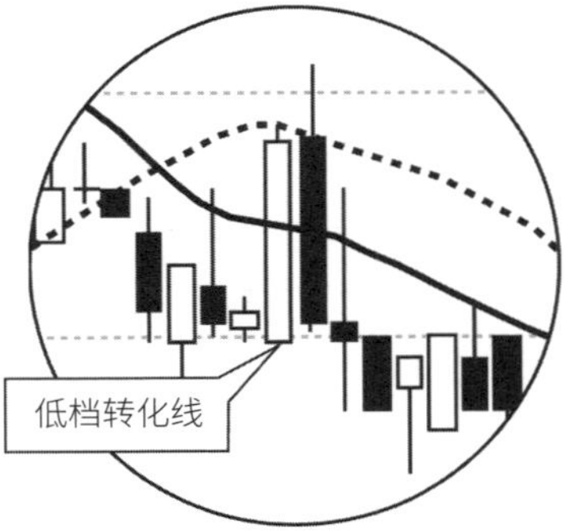

图4-153　低档转化线2

（7）下跌途中十字星

◎市场环境与线形特征

在下跌行情的初期，出现十字线（见图4−154）。

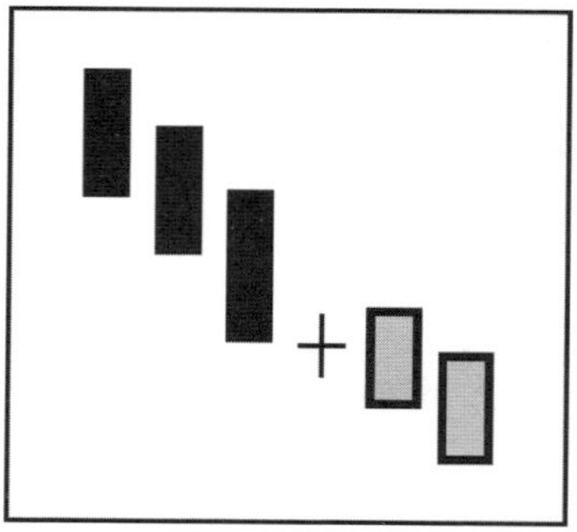

图4−154　下跌途中十字星1

◎买方的行动与心理状态

部分投资人的停利卖单，让股价缓慢下跌。股价跌到某种程度后，觉得当前股价合理的投资人会进场买单，因此买卖交错。十字线就是投资人犹豫的表现。

◎状况分析与市场暗示

要判断股价是否触顶非常困难，就算出现触顶信号，但只要大多数投资人持续看涨，就能消除顶部区累积的大量多头仓位。特别是看涨的投资人越多，就越容易在股价拉回时出现买单，这时就算股价开始转空下跌，跌势也会很缓慢。

随着股价下跌，套现保利的投资人越来越多，市场上的卖单也逐渐增加。买卖交错，以及投资人的犹豫，使得股价收了十字线。

但在下跌的初期，市场的多头仓位不会减少太多，股价的趋势会自动回归下跌。如果在低档区出现跳空十字线，就是触底的前兆（即“晨星弃婴”），所以应多加留意十字线出现的位置。

Point　十字线的隔周收阴线时，不要犹豫，清空仓位出场比较安全。

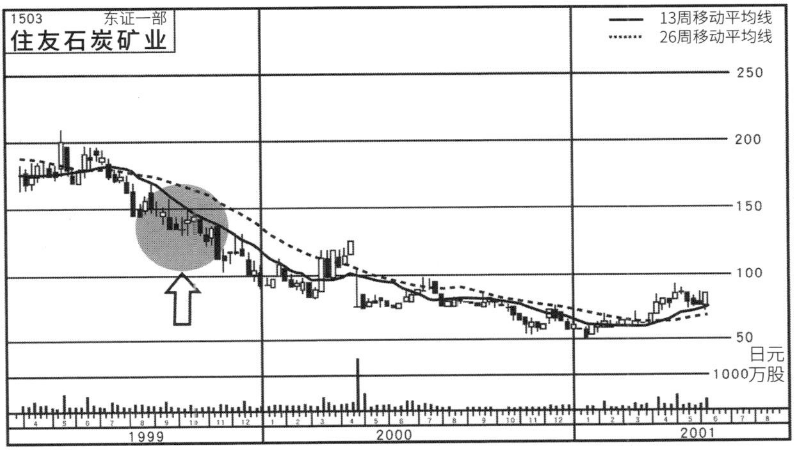

图4-155　住友石炭矿业周K线

图4-155是住友石炭矿业（1503）的周K线。1999年10月第1周，在下跌行情中，连续出现阴线后收了十字线，形成“下跌途中十字星”（见图4-156）。后续股价大跌。

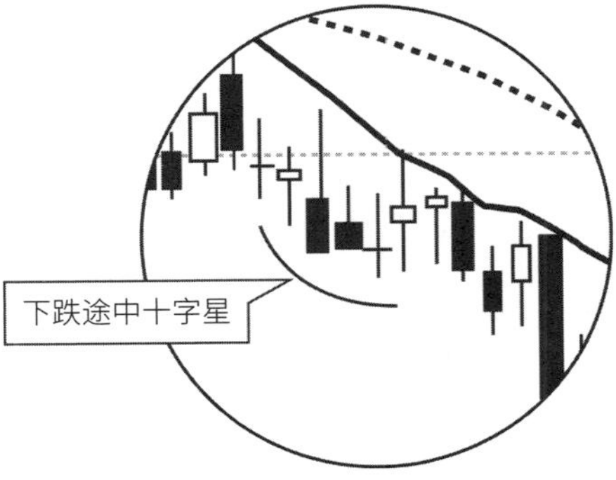

图4-156　下跌途中十字星2

（8）向下跳空并列阴线

◎市场环境与线形特征

在下跌行情的初期，向下跳空收阴线后又再收一根阴线（见图4-157）。

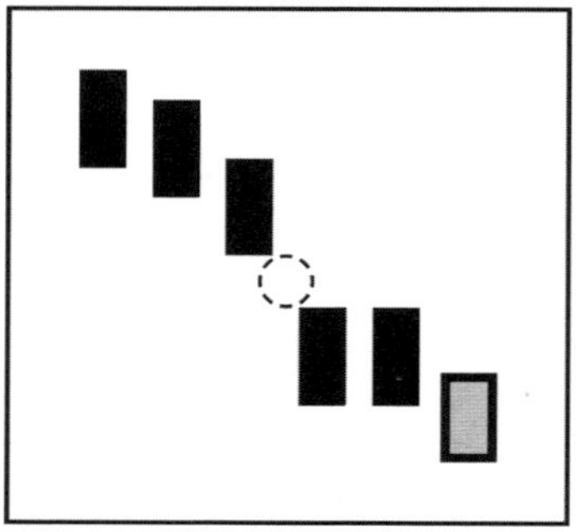

图4-157　向下跳空并列阴线1

◎买方的行动与心理状态

股价下跌途中的跳空会让投资人恐惧。隔周也看不到像样的反弹，最后还收了阴线，这会让投资人绝望，急于结清多头仓位。

◎状况分析与市场暗示

当市场处于空头时期，如果又出现利空消息，市场内就会涌现大量的抛售卖单，可能会让股价向下跳空，大幅向下修正股价。此外，投资人的“整数关卡”，也可能成为诱发缺口出现的原因①。具体来说，就是会出现例如“日经平均指数跌破1万点了，手上的股票出脱一下比较安全”之类的想法。跟日经平均股价完全联动的个股不过就那些，有些投资人却会因为心理上失去支撑而卖出持股。

就这样，受到外在刺激的投资人越多，市场上的卖单就越多，股价进而形成向下跳空。向下跳空并出现并列阴线，不仅会对投资人造成精神冲击，还会对他们持股的账面价值产生很大的影响（未实现获利急速减少或未实现损益急速增加）。对这种线形必须充分留意，因为它有时会引发股价暴跌。

① 有时媒体也会助长“整数关卡”。例如媒体会报道“日经平均指数未守住1万点大关”，把相对好看的整数摘取来报道，所以投资人的心理会受到“大关”的影响。

Point　请尽快出脱手上的未平仓多单。

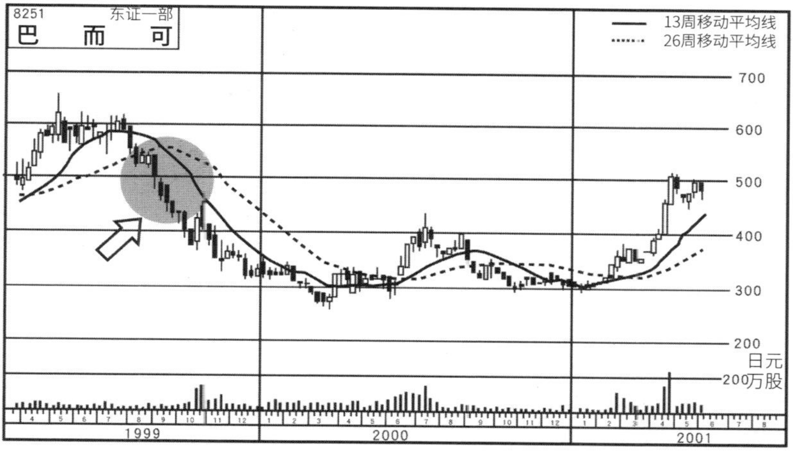

图4-158　巴而可周K线

图4-158是巴而可（8251）的周K线。1999年9月第1周出现大阴线后，向下跳空，且下周和下下周都为阴线，形成“向下跳空并列阴线”（见图4-159），后续股价大幅走跌。

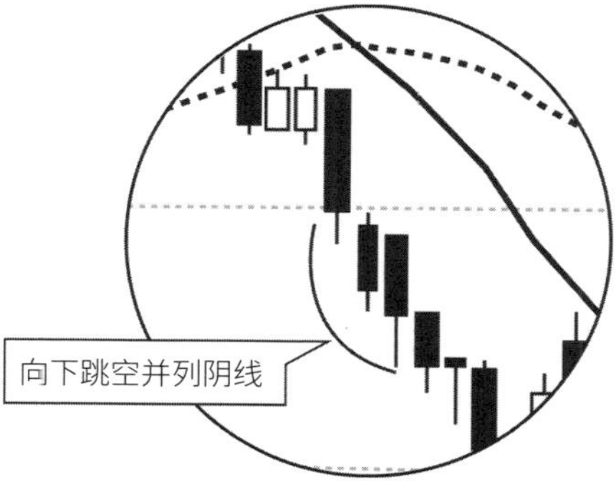

图4-159　向下跳空并列阴线2

（9）下跌三颗星

◎市场环境与线形特征

三颗星是指市场的趋势暂缓，其间连续出现3根小阳线或小阴线等。当三颗星出现在下跌趋势中就是“下跌三颗星”（见图4−160）。

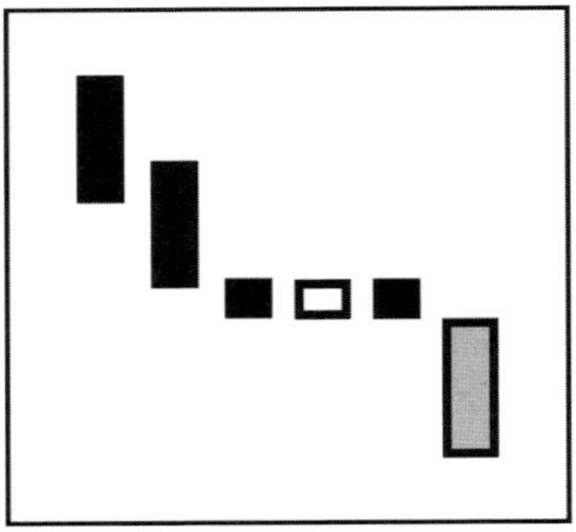

图4−160　下跌三颗星1

◎买方的行动与心理状态

该线形出现意味着下跌行情将迎来“小康状态”，投资人的失望情绪稍有减弱。但股价毫无反弹迹象，投资人看涨的期待开始消散。

◎状况分析与市场暗示

一方面，股价毫无反弹迹象，是因为投资人的停利等卖单断断续续出现；另一方面，看涨的投资人和部分认为现在股价合理的投资人也进场买入，所以好不容易才撑起了股价。

股价触顶后不久出现的盘整区间中容易有这样的多空交战，进而推升市场整体的平均买进价格。此外，股价下跌了，市场的多头仓位却几乎没有减少（只有换手而已）。

当利空消息出现或股价跌到一定的水平后，一路“忍耐”的投资人，有很高的概率会“割肉”止损。

Point 跌破盘整最低价时，请尽快清空手上的多头仓位。

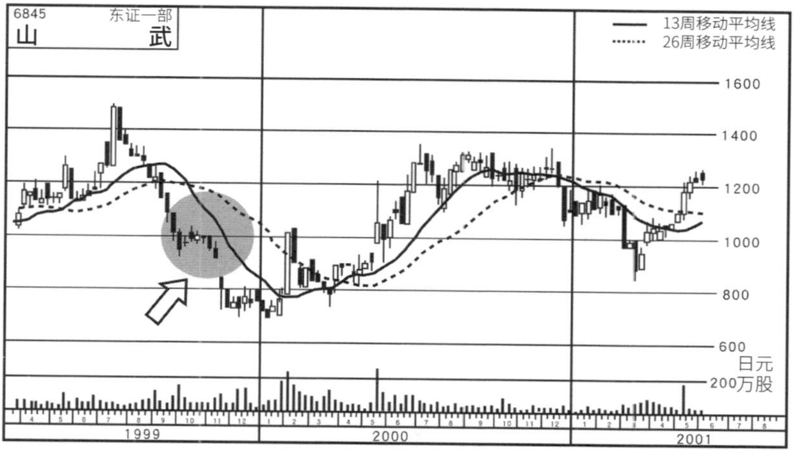

图4-161　山武周K线

图4-161是山武（6845）的周K线。在1999年10月到11月之间，下跌趋势中出现了“下跌三颗星”（见图4-162）。股价跌破盘整区后开始急跌。

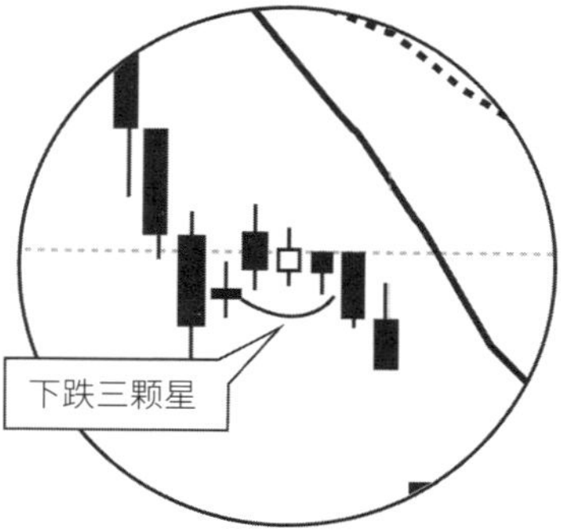

图4-162　下跌三颗星2

（10）高位五连阴

◎市场环境与线形特征

在上涨趋势中连续出现阴线（见图4-163）。

◎买方的行动与心理状态

随着股价下跌，投资人的看涨期待大幅消退，且逐渐转为失望。卖单持续入场，减少了场上的多头仓位。

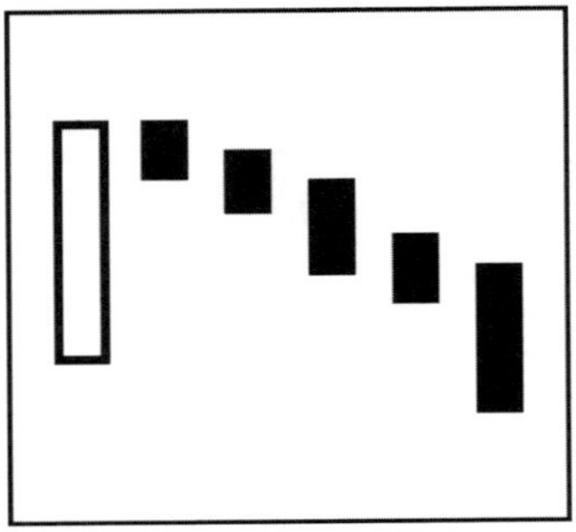

图4-163　高位五连阴1

◎状况分析与市场暗示

投资人攻克股价高点后，获得成就感，但同时也开始担心股价过高，从而陆续停利挂卖单。因为没有出现促使投资人抛售的利空消息，所以也有许多投资人在观望，这些人可能是在高点没卖掉或在期待股价涨回。

另外也有投资人因为股价拉回，觉得当前股价合理而入场，所以虽然股价下跌，但市场的多头仓位几乎没有减少。

股价的下跌速度缓慢，但除非有利多消息支援，否则很难反弹。此外，股价低于一定的水平后，下跌速度可能会加快，这可能是多数投资人的未实现获利归零或转为亏损而不得不卖出所致。

Point　让人实际感受到“停利千人力”[①]的局面。

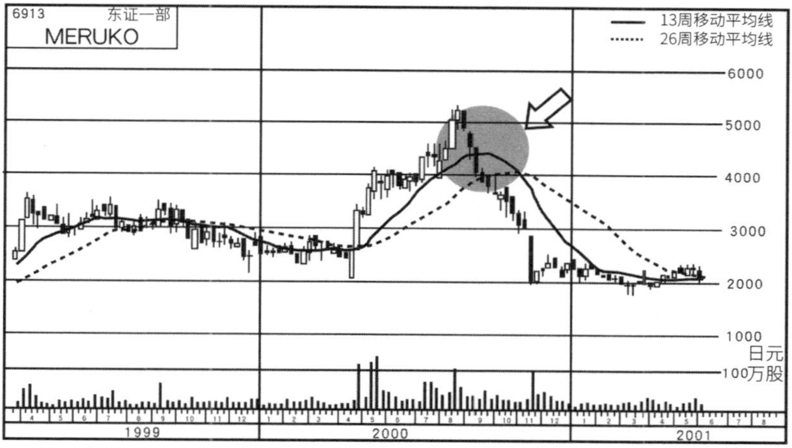

图4-164　MERUKO周K线

图4-164为MERUKO（6913）的周K线。2000年4月到8月持续上涨的股价，从9月第1周开始连续收阴线，形成了“高位五连阴”（见图4-165），股价持续下跌，到了11月第3周暴跌。

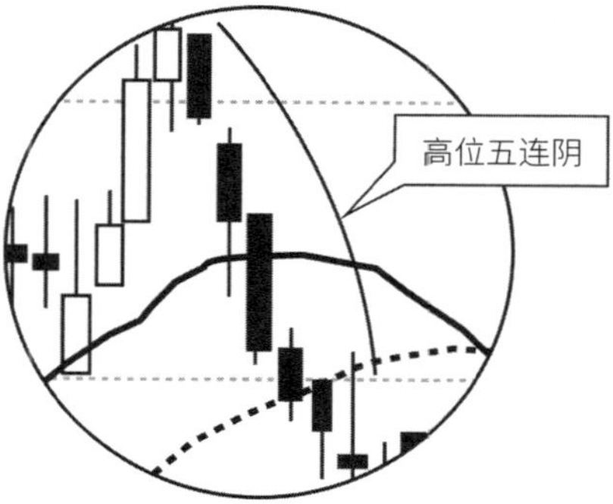

图4-165　高位五连阴2

① “停利千人力”是日本股市谚语，意思是停利就如同得到千人之力一样。反过来说，这也代表停利相当困难。

（11）高位大阴线

◎市场环境与线形特征

股价在高档区突然出现“光头光脚阴线”或“光脚阴线”（见图4-166）。

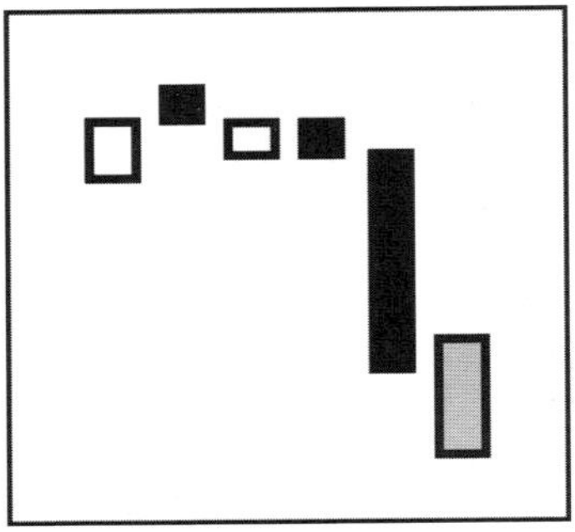

图4-166　高位大阴线1

◎买方的行动与心理状态

盘整持续期间突然出现大阴线，这会将投资人推往绝望的深渊，使得恐慌性卖压涌现。

◎状况分析与市场暗示

可能是市场上出现了拖累涨势的谣言或风声，所以开始出现止损卖单，加重了上档卖压。投资人试图确认谣言或风声的真伪，因此暂缓交易，使得交投①变得十分“冷淡”，进而形成了盘整区间。

之后，谣言或风声被证实为真，且辜负投资人的期待，从而对股价造成强烈的负面冲击，投资人出清多头仓位的动作加速，进而产生了“光头光脚阴线”。

上涨行情持续一阵子后出现“光脚阴线”，会让投资人感觉很糟，并且感到绝望。

一般来说，当市场内的多头仓位几乎被清空，且股价跌到接近基本面的地步，股价才会止跌。

① 交投指买卖交易。

Point　这是“停利千人力”的局面，尽早清空仓位出场为佳。

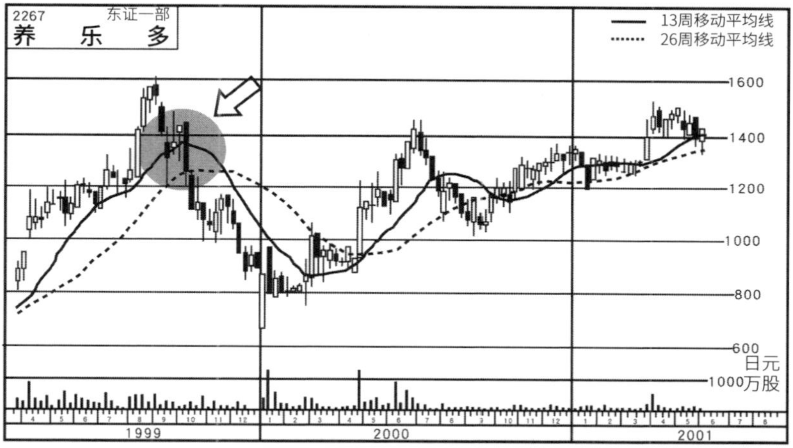

图4-167　养乐多周K线

图4-167是养乐多（2267）的周K线。1999年10月第2周，在股价高档区突然出现“光头阴线”，形成了“高位大阴线”（见图4-168），股价进一步大跌。

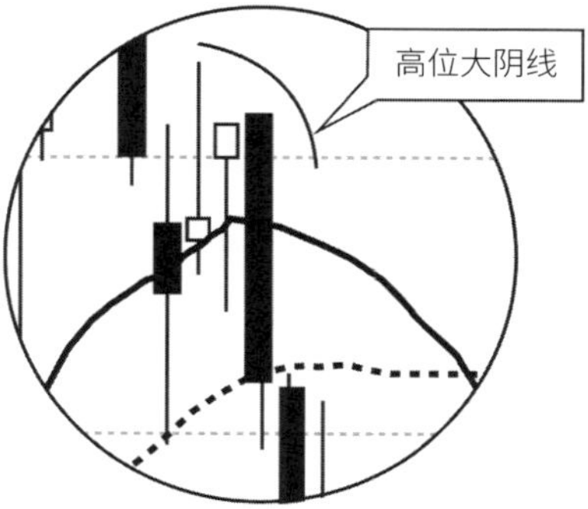

图4-168　高位大阴线2

后　　记

本书的内容如何呢?

大家应该能明白K线的深奥之处，而且能更进一步理解股市，同时开始对今后的交易产生更多自信吧。

面对大多数投资人会犹豫的局面，熟读本书后的你，应该能比以往做出更冷静的判断。

停利还是加码？忍耐还是放弃？K线图总是会指出正确的答案。期待本书能成为小小的指南，帮助想成为交易专家的读者圆梦。

本书能成功出版，首先要感谢日本实业出版社第一编辑部劳心费力的今井康祐先生。

此外也要感谢内人美加，再三替我修改，将我这晦涩难懂的文字修改成通俗易懂的文章。同时也感谢期待本书完成的长女真彩。